U0450207

图解服务的细节

125

流通RE戦略—EC時代の店舗と売場を科学する

零售工程
改造老化店铺

[日] 铃木哲男 著

智乐零售研习社 译

人民东方出版传媒
People's Oriental Publishing & Media

东方出版社
The Oriental Press

图字：01-2021-7545 号

Ryutsu RE Senryaku by Tetsuo Suzuki
Copyright © 2019 Tetsuo Suzuki
Simplified Chinese translation copyright © 2021 Oriental Press,
All rights reserved
Original Japanese language edition published by Shoninsha Co., Ltd.
Simplified Chinese translation rights arranged with Shoninsha Co., Ltd.
through Hanhe International (HK) Co., Ltd.

图书在版编目（CIP）数据

零售工程改造老化店铺／（日）铃木哲男 著；智乐零售研习社 译. —北京：东方出版社，2023.6
（服务的细节；125）
ISBN 978-7-5207-3401-1

Ⅰ.①零… Ⅱ.①铃… ②智… Ⅲ.①零售商店—商业管理 Ⅳ.①F713.32

中国国家版本馆 CIP 数据核字（2023）第 062555 号

服务的细节 125：零售工程改造老化店铺
(FUWU DE XIJIE 125: LINGSHOU GONGCHENG GAIZAO LAOHUA DIANPU)

作　　者：	[日]铃木哲男
译　　者：	智乐零售研习社
责任编辑：	崔雁行　高琛倩
出　　版：	东方出版社
发　　行：	人民东方出版传媒有限公司
地　　址：	北京市东城区朝阳门内大街 166 号
邮　　编：	100010
印　　刷：	北京明恒达印务有限公司
版　　次：	2023 年 6 月第 1 版
印　　次：	2023 年 6 月第 1 次印刷
开　　本：	880 毫米×1230 毫米　1/32
印　　张：	10.5
字　　数：	193 千字
书　　号：	ISBN 978-7-5207-3401-1
定　　价：	59.90 元

发行电话：(010) 85924663　85924644　85924641

版权所有，违者必究
如有印装质量问题，我社负责调换，请拨打电话：(010) 85924602　85924603

自　序

我的公司名字有些长，叫作 RETAIL ENGINEERING ASSOCIATES（REA，直译为：零售工程合伙人）。起这个名字是因为创业时我想把零售工程作为公司的经营方针。RE 源自 IE（INDUSTRY ENGINEERING，工业工程），按照其定义，意思就是"运用工程学技巧打造高效经营体系的科学"，也可以说是"以杜绝不必要的冗余、不合理、不均匀（参差不齐）为目的的实践科学"。把这一科学应用在零售业上，就是零售工程。一直以来，我主要做的就是用零售工程"使卖场变得科学""使零售业系统化"。

在曾经就职的公司工作时，我所属的部门是零售工程部，主要从事店铺企划，有时会掐着秒表追赶员工，也进行过客流路线调查和顾客动作分析。

我面对的情况并不简单。比如说在决定店内布局的过程中，"必须向右转弯""直线的通道没有意思""货架应该像美国店铺用的那样长"等，各种要求让我招架不住，有时甚至违心屈从。而一旦事情不尽如人意，之前提出过的要求往往会被客户抛在脑后。

所以，我不把零售工程想得那么死板，而是换了一种说法。那就是"重视基于数据、客观事实的直觉与经验"，以此应对现实问题。那个时候零售业被贬低为劳累、脏乱、危险的行业，我自己却觉得工作很有意思，充满干劲。如果自己接受不了，工作起来不情不愿，那么无论什么企业，什么工作，都有可能是劳累、脏乱、危险的。

当时我没有太多的经验就被委派制定新店计划。经过多次开会讨论，终于确定了店内分区，拟定布局。反复与商品部磋商后决定了要销售的商品、陈列货架的层数和相关设备器材。一系列过程中多次被要求做出改动，然后再与施工方进行沟通，规划出详细的布局。我的工作就是如此复杂、烦琐、令人心情郁闷，耗时长久且效率低下。

在工作现场，陈列商品时还会发生"设备器材不足，来不及了"的情况，令人手忙脚乱。最后大家围绕"谁说过什么，没说过什么"而开始激烈争吵。在大量新店开张，老店翻新的洪流中，这样的喧闹一遍又一遍地重复上演。我有了危机感，生怕再这么干下去会过劳死。

于是，我开始思考怎样才能让自己轻松愉快地工作。不管

自 序

是新店还是老店，在开门营业后闲下来的时段，我会到卖场按照商品种类一张一张地拍照。店铺打烊后，我还会花时间调查货架板有几张、设备器材有多少、货架纵深几厘米等实际情况。我按照商品种类把陈列照片，所需要的货架板数量和纵深、挂钩等部件的数量记录下来制成目录，打上编号。我拿着目录与商品部的全体人员开会讨论并加以修改，做出新的目录。

在新的机制下，新店或老店的店内布局定下来后，商品部的员工在磋商中一边翻查目录一边给布局记入编号，只有考虑对布局作出变更或采用全新布局时，才展开详细的讨论。工作方式的改变所带来的结果就是讨论时间缩短了，让我减轻了精神上和肉体上的痛苦。更值得一提的是，围绕"谁说过什么、没说过什么"而产生的沟通上的烦恼减少了。这套"店内器具①目录系统"获得了日本连锁店协会论文比赛的最优秀奖。这套系统历经40年后仍在被使用，令我感到欣慰。

在现今经济成熟的时代，流通行业面临前所未有的人手不足②和激烈竞争。正因如此，才需要建设人人都具备工程创

---

① 店内器具主要包括货架、货柜、展示柜、冷藏柜等用于陈列或存放商品的设备和器材。(本书中的所有脚注均出自译者)

② 随着日本社会少子老龄化的加剧，劳动力人口迅速减少。在流通行业内，特别是便利店，南亚、东南亚裔兼职员工的大量雇用已成为普遍现象。

3

意，能够安心、正确、高速、轻松、愉快工作的环境。所谓零售工程，不仅仅是改善业务，更是为了在电子商务时代生存下去而进行店铺建设，改革工作方式，打造有魅力的流通行业的必要步骤。

本书中登载的图表类资料，未标明出处的均由REA公司铃木哲男制作。

零售工程合伙人公司董事长铃木哲男

前　言
关于"作、演、调"

业绩持续增长的原动力来自商品力，即企业力，也即组织力。然而，组织规模越大，凝聚力就越差。按道理说，有多少人员、多少店铺，就需要调动多少智慧。笔者称之为"智慧的连锁"。实际情况却是组织越大，缺乏凝聚力的弊端就越突出。

为了避免这一弊端，建立起"作""演""调"三方的信任关系极为重要。人们可能不太熟悉这三个字的含义。笔者喜欢用这三个字，因为这样方便理解组织内部的职责划分。本书中会多次出现这三个字，故在此加以说明。

"作"意味着制作，指的是 Plan，就是制作计划的意思。在组织内部，商品部承担着这一职责。具体为采购员、采购员制作的商品计划或者是向店铺方面提出的各种方案，等等。

"演"指的是演绎、操作，就是 Do，付诸实施、实践的意思。组织内部承担这一职责的是销售部，以及店铺内从店长往下的责任人。

"调"是调查、协调的意思。若用英文表达，继 Plan 和 Do 之后就是 See（Check）。超市的采购员和总部的职员，特别是促销部承担这一职责。

如果用餐厅作比喻，备齐食材的采购员的任务是"作"，烹饪食材并根据客人喜好调味的厨师是"演"，负责上菜并观察客人反应的店长是"调"。

笔者有时还会把"作""演""调"分别说成"说话的人"、"做事的人"和"为做事创造条件"。即便有卓越的领导（说话的人），如果没有付诸实践者（做事的人），领导也无法成就其卓越。另外，如果企业没有催生大量优秀的"说话的人"和优秀的"做事的人"的文化氛围，企业也不会创造出好的业绩。

掌握了解计划（"作"）是否得以落实，是否得以遵循（"演"），这是最低限度的组织规则。但是，如果不明白计划为何执行顺利或为何执行不畅，找不到因果关系，最后只能拿结果说事儿。这样无论重复多少次，都不能积累智慧和经验。只有"调"才能在实践中找到能够更简单、更轻松、更迅速地完成工作的好范例，使之成为规则和制度。这就是"调"的作用。此外，把好的做法简明扼要地反馈给全体店铺、全体员工，靠的也是"调"。

在组织内部，"作"和"演"之间尤其容易产生不和谐的声音。有了商品方案等计划（"作"），店铺（"演"）却没有看到，没有实施。店长没有向下属充分说明计划的意图和内容。计划没有变成能够让兼职店员理解并执行的语言。另外，对于店铺提出的建议，总部只落实一半。这样一来，店铺或许就会暗自思量"我们说了也没用"。

我反复使用"作"、"演"和"调"这三个字，为的是使读者进一步意识到建立群策群力的计划执行机制的重要性。

目　录

第 1 章
大数据的应用
"假说与验证"的 18 宗功罪

1	零售业不热衷于应用数据吗?!	003
2	单品管理的意义与误解	006
3	勿使"假说与验证"止于一时的热度	009
4	"假说与验证"与"外行思维"的关系	013
5	笔者体验过的"假说与验证"	018
6	数据应用的三个注意点	024
7	应用数据时值得铭记在心的话	030

第 2 章
店铺对比
借鉴萨姆·沃尔顿的走动式管理法（MBWA）

1	萨姆·沃尔顿的走动式管理法（MBWA）	033
2	错误百出的店铺对比	035
3	竞争对手是谁，在哪里	039

4	眼花造成手误	042
5	店铺对比的正确步骤	045
6	店铺对比的读取及调查方法	050
7	店铺对比的有效应用	058
8	日常应采取的店铺对比应对措施	064

第 3 章

52 周商品营销规划

最新"52 周商品营销规划（52 周 MD）"的战略与战术

1	什么是 52 周 MD	069
2	目前与 52 周 MD 有关的问题点	072
3	带来诸多误解的 52 周 MD 这个名词	074
4	52 周 MD 的目标何在？	081
5	把 52 周 MD 系统化需要注意什么	085
6	如何确定重点商品	087
7	如何使 52 周 MD 成为理所当然	091

第 4 章

提高现有店铺活力

能卖出商品增加盈利的就是好店！

第 1 部　现状篇

目前的店铺翻新效果是 15 战 3 胜 10 负 2 平？！ ⋯⋯⋯⋯ 101

1 今昔店铺翻新的特征与相似性 ……………………	104
2 如今为何需要提高店铺活力（与店铺翻新的 　不同之处）…………………………………………	111
3 让许多店铺掉坑的 4 条失败法则 ………………	115

第 2 部　实践对策篇

传授最新的店铺活力提高方法 ……………………	119
4 提高店铺活力的三个阶段 …………………………	120
5 采取正确的活力提高步骤 …………………………	123
6 一年 365 天"永葆新鲜"的做法 …………………	131
7 提高店铺活力所必需的三个 F …………………	136

第 5 章
店铺布局与店铺建设
异形店的布局亦有规则

1 "正常"店铺布局的标准 …………………………	141
2 曾经出现过的"异形"热 …………………………	144
3 什么是好的布局 ……………………………………	147
4 热门店铺的布局评价 ………………………………	152
5 异形布局亦应有基本原则 …………………………	156
6 与时俱进的店铺建设中应该注意什么 …………	162

第 6 章

展 示

销售、展示及宣传的技术体系

1 展示与促销的区别 ……………………………… 169
2 "售卖"与"营销"的促销区别 ………………… 172
3 展示的五个步骤 ………………………………… 174
4 顾客视角与促销的根本及改革办法 …………… 180
5 展示的五个重要基本原则 ……………………… 183
6 7-ELEVEn 便利店式展示的精髓 ……………… 193

第 7 章

传单促销

传单是连接顾客与企业（店铺）的桥梁

1 从顾客的立场看传单广告为何不起作用 ……… 197
2 在一线注意到的传单不起作用的原因 ………… 199
3 传单真的不起作用吗？ ………………………… 202
4 传单促销相关问题总结 ………………………… 206
5 如何灵活利用传单促销 ………………………… 209

第 8 章

商品提案与顾客服务

电子商务时代工程再造的"体验论"

1 实体店体验的优越性 ·· 217
2 什么是体验 ··· 219
3 各企业店铺的"体验"情况 ··· 221
4 体验为何不能坚持下去 ·· 225
5 从试吃案例中学到的教训 ·· 228
6 体验的定位 ··· 230
7 试吃的步骤与规则制定 ·· 233
8 使体验成为理所当然 ·· 236

第 9 章

损失管控

战略性地从根源上杜绝商品损失

第1部 思路篇

两种损失的权衡 ··· 243
1 为什么现在需要重提商品损失管控 ····························· 246
2 重新思考什么是商品损失管控 ···································· 249

V

3 机会损失与降价损失的"你死我活"
  贯穿了零售业的发展历程 ………………………… 254

第2部 **事实与分析篇**
  产生商品损失的结构性机理 ……………… 257
4 基于事实分析"作"的课题 …………………… 258
5 "演"的课题 …………………………………… 263
6 "调"的课题 …………………………………… 267

第3部 **提案与行动篇**
  减少两种损失的六项措施 ………………… 271

第10章

再造工程的历史与未来

解析经营及业务改革的进化过程

1 收银工程 ………………………………………… 281
2 业态工程 ………………………………………… 287
3 超市餐厅工程 …………………………………… 294
4 受关注的工程改革 ……………………………… 302
5 从一线视角出发的再造工程 …………………… 308

后 记 ……………………………………………… 309

第 1 章

大数据的应用

"假说与验证"的18宗功罪

重视基于数据的"直觉与经验"

零售工程再造的起点是数据。与数据的收集和积累相关的技术取得了惊人的进步。对于成长在模拟信号时代的笔者而言,如今的数字时代难以想象。大数据的浪潮奔涌而来。以消费者在亚马逊等网上商城购物为例,即时展现基于购买历史的商品推荐信息,有助于提升购买频率。东京的中野 Sun Mall 商店街正在进行物联网(IoT, Internet of Things)测试实验。通过安装在六处场所的无线感应装置,掌握商店街内的客流动向。与出入口附近相比,麦当劳等快餐店集中的商店街中心区的滞留人数更多。测试实验的目的是为振兴产业和完善防灾措施提供助力。在不远的将来,相关技术还可应用于连锁店各个门店员工动线和顾客动线的调查分析。Amazon Go[①]就是大数据分析应用的一个尝试。本章将提出大数据应用的18条注意事项,阐明作为数据应用之基础的"假说与验证"的功与罪。

[①] Amazon Go 是美国互联网巨头亚马逊公司开设的线下无人零售店,颠覆了以往的运营模式,使用计算机视觉、深度学习以及传感器融合等技术,彻底跳过传统收银结账的过程。

1 零售业不热衷于应用数据吗?!

尽管数字化发展迅猛，但在零售行业内，企业的总部和店铺都还没有对数据加以充分应用。更何况除了总部员工和企划等部门之外，大部分人可能甚至连"大数据"的含义都搞不清楚。"大数据"是以往普通的信息管理方式难以处理的庞大且复杂的数据的集合。

矢野经济研究所[①]2015年11月针对日本国内百货店、超市、专卖店、生协[②]等173家零售企业，就大数据的应用情况进行了调查。调查结果显示，仅有6.9%的企业表示"正积极加以应用"；认为大数据应用"是今后的重要课题"的企业只占20.2%。另外，42.8%的企业表示大数据应用"虽是课题但优先度低"，28.9%的企业表示"没有应用大数据的计划"，两者合计占比超过了70%。矢野经济研究所分析认为，百货

[①] 矢野经济研究所是总部设于东京中野区的市场调查公司，成立于1958年，2004年在上海开设了办事处。

[②] 生协全称为日本消费生活协同组合，是消费者出资成为会员，并运营利用的组织，1948年成立，类似于中国的供销合作社。

店和生协积累了顾客或会员的数据,因而对大数据应用抱有较高的兴趣。

上述调查结果似乎显示,与制造业企业和 IT 企业相比,连锁店对大数据应用的兴趣较小。尽管如此,笔者完全无意指摘连锁店的水平低。对连锁店而言,现阶段优先考虑的是如何利用数据增加顾客来店频率(顾客数量)、做好商品营销规划(MD)、提高商品单价和销售件数。

然而,关于数据应用,不管是好是坏,多少都受到以下 3 条零售行业特征的影响。

第 1 条　轻视数据的企业(组织)文化
第 2 条　资深员工(经验丰富者)与年轻员工之间的意识差距
第 3 条　与兼职、临时工之间的沟通不足

"不要光盯着数据,有那闲功夫不如去一线,去卖场。"公司高管和干部挂在嘴边的这句具有代表性的话象征了第 1 条的情况。曾经有一段时期,在一线工作时间比在办公室内长的店长更被看重,至今仍有这样的倾向。此外,遇到销售不佳,就一味地收集数据和资料,一味地召开会议(包括议而不决的会议)的情况也是屡见不鲜。因此,笔者并非不能理解高管和干部说的这句话的内涵,但仍觉得这种说法有过于粗暴之

嫌。如果可以的话，希望他们能这么说："要重视基于数据的直觉与经验。"

第2条与第1条有着关系，是奉行一线主义的资深员工与信奉数据主义的年轻员工（数据宅男？）之间看不见的纠葛。在一线如鱼得水的人和并非如此的人，看到数据就头疼的人和与此相反的人，说话爱讲道理的人和不擅于此的人，两者在组织内部都存在。不同年代的人的想法当然存在差异，在工作的认识上的格格不入也随之加大。

第3条虽然与经常性的人手不足有着关系，但原因或在于兼职和临时工不能形成战斗力。笔者把这些兼职和临时工看作是"2小时、4小时、6小时制的正式员工"。因此，在卖场看到数据和信息未能准确充分地传达给他们，笔者感到目瞪口呆。兼职和临时工占到店铺员工数量的80%以上，员工作业区内布告栏上层层贴满的却是字小、晦涩难懂且长篇大论的方案计划书。这是真的想要传达信息吗？如果不面对面地召开哪怕是简短的会议，单靠张贴方案计划书，总部的想法是不能传达到位的。如果真实意图得不到传达，总部与店铺之间的认识差距会进一步扩大，根本无法形成"智慧连锁"。

2 单品管理的意义与误解

如果我说"还没形成智慧连锁",可能会遭到正在认真努力的店铺或企业的正面反驳。所谓单品管理,就是"通过数据掌握情况,科学地建立逻辑关系来发现问题,作出判断并采取对策"。换言之,不断重复"假说(计划)→执行→验证(反省)"这一流程,是改善各项数值,提高店铺或企业盈利能力的优秀办法。笔者对此没有不同意见。

但是,如果店铺或企业的努力止于一时的热度,可能是因为存在以下误解。

第4条　盲目相信数据即一切

第5条　优先考虑寻找滞销商品

第6条　无视业态或企业的特性

关于第4条,针对POS(销售点终端)数据,需要考虑到以下3点:①只能调出终端所在店铺现有商品的数据;②数据只能反映某个店铺在某个时间点的情况;③尽管只是某个店铺的数据，即数据是有限的，却认为这些数据涵盖了一切。这三点已经是老生常谈，但今后应用数据时仍存在重犯同样错误的危险。

第5条的意思是，相对于寻找能卖出去的商品，把寻找滞销商品视为优先事项。这就是所谓的"不把滞销商品排除掉，畅销商品就进不来"。这话虽然言之有理，但真的有卖不出去的东西吗（销量之差当然存在）？厂家会生产卖不出去的东西吗？采购员会采购卖不出去的东西吗？商品卖不出去，难道不是因为销售、展示、宣传的方式有问题吗？难道不应该采取"要培养畅销商品""要下功夫使商品能卖出去"等积极的思维方式吗？笔者是这样认为的。

不看一线的实际情况而只依靠数据作出判断，重犯这种错误的危险今后也会存在。

第6条中"单品管理"的概念无疑源于便利店（小型店铺）。对于只能容纳大约2800个库存量单位（Stock Keeping Unit，SKU）的店铺而言，库存的商品必须都能卖出去是先决条件。加上顾客选择店铺的标准是"近且方便"，商品种类丰富与否从优先度上讲就处于次要地位了。

在比便利店规模大的店铺，情况又如何呢？商品种类丰富、价格便宜的重要性毋庸赘言。也就是说，超市等大型店铺的主要顾客人群和竞争对手明明与便利店的不同，但是否犯了用便利店式的思维进行单品管理的错误呢？今后无论是在店铺打造还是商品构成等方面，仍然有可能重犯同样的错误。

3 勿使"假说与验证"止于一时的热度

说到"假说与验证"的功罪，可能会遭到那些正在按部就班地对其进行推进的人和企业的责难。正如前面所说，零售行业使用"假说与验证"这一概念是与"单品管理"相关联的。为什么使用如此难懂的词语呢？笔者记得当年还是上班族时，初次听到这一词语后把其内涵想象得无比晦涩，因自己一直以来所做的被全盘否定而感到心情沮丧。

根据《广辞苑》[①]的定义，"假说"是"为在自然科学和其他学科中以统一方式解释某些现象而做作出的假设"。"验证"的定义则是"把用逻辑从假说推导出的结论与观察到的事实或实验结果相对照，从而确认假说的真伪"。恕笔者直言，这样的定义简直就像出自头脑过于发达但对一线事务和一线人员不甚了解的宪法学者之口。

---

① 《广辞苑》是由日本语言学家新村出、新村猛编纂，岩波书店发行的权威性日语大辞典。1955年5月发行第一版，目前已发行到第七版，共收录25万条词汇，可谓小型百科全书。

"假说与验证"的意思，简而言之就是①观察现状，发现问题；②制定计划，加以执行；③确认结果，为今后之鉴。

下列不明智的做法是否被带入到了下一步的思考和行动当中呢？

第7条　不百分之百收集全数据就不能行动、不能下决定

第8条　错把进行验证当作开展工作

第9条　把假说和验证用于诡辩

关于第7条，为了作出正确的判断，从各种角度收集精确的数据是没错的。但是，作为手段的数据收集工作是否成为目的，而造成数据泛滥了呢？消耗时间，案头工作增加。数据收集得越多，牵扯到的利弊因素就越复杂，难以作出判断。随着会议资料的增多，议而难决或议而不决的会议也就越频繁。

每次被告知"需要假说和验证"，调查项目就会增加，为了准备资料而东奔西走，笔者曾经见过这样的同事。从那以后，他的应对速度变得迟缓，哪怕是一点小事也踌躇不决，失去了立即着手解决的勇气。

如果能弄清楚事物的60%，就可以提出假说。笔者把这称为良性的"差不多想法"。

第8条描述的情况，笔者曾在为某家企业提供咨询服务时遇到过，很是震惊了一番。对方在填写笔者制作的 PDCA（行

动与结果）表格①时，在 D（执行）一栏中写了许多遍"将加以验证"。如果是需要付出大量时间和成本的项目，这么做倒也无可厚非。但是，针对计划栏中的"把 POP 广告②的尺寸从 A5 改为 B5"，对方在 D（执行）栏内写的是"将在验证后决定"；针对"把五层货架改为四层"的计划，D（执行）栏内写的还是"将加以验证"。

更令人无语的是，验证需要的时间居然长达两个月或三个月。如此简单的事，需要花费这么多的时间吗？"验证"似乎成了不做事的免罪符。这可以说是单品管理热的负面后遗症。

第 9 条，好不容易收集了数据，带着自信提出了假说，但这个假说却因对方的诡辩而被否定。以筹备商城开业为例，笔者提出："如果把美食区建在最顶层，需要花费设备成本。本店的客群以家庭顾客为主，白天前来购物者居多，建议把美食区设在一层的入口附近。"对方得出的结论却是："没有地方把

---

① PDCA：P（Plan）计划，D（Do）执行，C（Check）检查，A（Act）处理。PDCA 循环又叫质量环，是管理学中的一个通用模型，最早由休哈特（Walter A. Shewhart）于 1930 年构想，之后被美国质量管理专家戴明（Edwards Deming）博士推广普及。它是全面质量管理所应遵循的科学程序。全面质量管理活动的整个过程就是按照 PDCA 循环，周而复始，永不终结。

② POP 广告是英文 Point Of Purchase Advertising 的缩写，意为"购买点广告"。从广义上来说，凡是在商业空间、购买场所、零售商店的周围、内部以及在商品陈设的地方设置的广告物，都属于 POP 广告。

011

那么多店铺集中安排在一处,只能设在最顶层。"然后在开业后的验证过程中,对方表示:"美食区状况良好,给其他店铺和卖场带来了溢出效应。"

  提出假说的目的何在呢?验证只要"结果没问题"就万事大吉了吗?笔者对此有过非常复杂的感受。

4 "假说与验证"与"外行思维"的关系

"单品管理"和"假说与验证"被认为是不熟悉零售行业情况的人才做得到,外行思维反而成就了灵活应对变化的能力。的确,经验丰富的人倾向于不轻易接受不同的见解主张。此外,针对领导的指示,这些人往往会如此如此、这般那般地提出反对意见。对领导而言,经验丰富的人或许难以驾驭。

"基于顾客视角、一线视角来应对时代的变化的原则"是非常重要的。话虽这么说,一个团体的成员都是外行能行吗?如果都是外行,难道不会带来养成应声虫乃至沦为应声虫团体的后果吗?

第 10 条　不要只听取"一线的声音"

第 11 条　不要只相信"数据"

第 12 条　不要迷信"理论"

第 10 条,一说起"外行思维很重要",就想到要倾听"一线的声音",这没有错。笔者也很重视一线的声音。但是,让一线的声音盖过一切则是危险的。

笔者曾经有过这样的经验。那是在决定"名店礼品专柜"的选品时发生的。调研的问题是:"想把什么样的商品赠送给亲朋好友"。笔者准备了写有品牌名称和价格等信息的调查问卷,收集了顾客的反馈。结果发现,答案是那些当地知名店铺和在百货店地下卖场设有专柜的超级名店的商品。笔者与超级品牌店就供货等事宜进行了交涉,结果没有得到好的答复。理所当然?!

笔者修改问题后再次征集了反馈。这次的问题是"这一年里您向亲朋好友赠送了什么样的商品"。收到的答案中,超级名店的商品少了,许多人提到了当地人气店铺的商品和广为人知的热门品牌商品。想买(愿望)不等于买了(事实)。换言之,顾客的愿望不一定会原封不动地转化成购买行为。

年代不同,想法不同。不听取多人的声音就会犯错。在众多经验中,我们不知不觉地陷入"某某事物就是全部"的思维模式,这是人类的心理学现象。在客观地进行观察之前,人们就已经有了偏见。采购员买入商品,店长制定商品价格,售货员准备商品,支持人员提供客服,每个人都容易觉得自己的岗位就是全部。

第 11 条所指的倾向是,认为数据,特别是分析过后的数据全部正确，不加怀疑。例如 PI 值（Purchase Index，千人购买率）[①] 数据出来后，各家店铺将之乘以日均顾客数量，得出订单数量（生产数量）。这是出于"可以卖出这么多"，换句话说就是"卖不出更多"的思维。难道就没有"能卖出更多，想卖出更多"的想法吗？

资料1　第30周水产部门重点商品"鳕鱼子"

■PI值排位

排位	店铺名	PI值	排位	店铺名	PI值
1	T 店	16.1	31	…	5.9
2	O 店	12.7	32	…	5.8
3	S 店	11.7	33	…	5.8
4	I 店	11.5	34	…	5.7
5	…	10.7	35	…	5.6
6	…	10.5	36	…	5.6
25	…	6.1	55	…	3.5
26	…	6.0	56	…	3.3
27	…	6.0	57	Y 店	3.3
28	…	5.9	58	M 店	3.1
29	…	5.9	59	C 店	3.0
30	…	5.9	60	A 店	3.0

资料 1 是水产部门重点商品鳕鱼子的第 30 周 PI 值排位。

---

① PI 值即商品的购买指数、商品的受欢迎程度或商品的顾客聚集指数，是非常重要的零售分析指标之一。PI 值=单位时间购物篮中商品的销售数据÷单位时间所有购物篮的数量×1000。

排在第一位的 T 店的每千人购买数量为 16.1 个，排在第 60 位的 A 店每千人只购买了 3.0 个。同样的商品在同一时间以同样的价格销售，销量却是 5 倍以上的差距。实际上其他商品（日用品）的销售也存在同样的倾向。以 Peyoung 炒面①恢复销售为例，在某家超市 PI 值排在第一和排在第一百的销量有着 20 倍以上的差距。由此可见，PI 值既反映了畅销（卖了）的事实，也反映了滞销（没卖）的事实。

第 12 条，对待"理论"，也存在过于迷信的现象。笔者对理论的定义是"把当时的数据与一线的事实加以对照后积累的体系化的、只能用于当时的理论"。因此，对于前辈们迄今建立的理论（原理原则），笔者认为都是对的，绝不能否定。

然而，如果数据或一线的事实发生了变化，理论若不随之改变，在实际的一线将无法使用。原理原则是基本，也是基准，虽然不想加以改变，但如果不是当下的基本或基准，一线将陷入混乱。

---

① Peyoung 炒面是日本 MARUKA 食品株式会社推出的速食炒面，盒装 Peyoung 炒面于 1975 年发售，人气经久不衰，年销量超过 1 亿盒，是便利店和超市的必备商品。2014 年 12 月，日本一位消费者在社交网络上发布了混有蟑螂的盒装 Peyoung 炒面照片，立即导致该品牌被零售店全面下架，进而被迫停产。2015 年 6 月，Peyoung 炒面恢复生产重新上市后大受欢迎，一度供不应求。

一骑独行的一线声音和数据，有时可能演化为谣言。同样，只相信理论会造成对理论的神化，导致盲目的信任。

重视外行思维，结果却使经验丰富的人被排斥。损害与包括供应商在内的外部的信任关系，中断技术积累，组织内部只会使坐等上级指示的员工增多，放弃了优秀的基因，无法培养技术能力……这样的事是发生过的。

5 笔者体验过的"假说与验证"

在单品管理的"假说与验证"说法出现之前,笔者自认已经采取了相关的做法。在店铺负责家庭用品时,笔者每天专注于调查铝锅的单品销量和库存量,称之为"Sashimi 调查"①。结合销售情况,按照不同尺寸(Size)增减铝锅的陈列面数量,减少断货现象,提高了销量。如今已经过了大约半个世纪,笔者依然记得单手锅的直径是 18 厘米,双手锅是 24 厘米。

第 13 条　假说与原因的不同(外资零售商退出日本的原因)

第 14 条　在美国验证假说(标准化)

第 15 条　假说→验证→规则化(布局)

---

① Sashimi 调查:作者用谐音命名了自己的调查方式。原文中使用的是"サシミ調査"。サシミ即刺身(生鱼片),读音为 sa-shi-mi。尺寸在日语中为サイズ、读音为 sa-i-zu。因而,sa 音相谐。"断货"的日语是品切れ,读音为 shi-na-gi-re,shi 音相谐。

第 13 条说的是外资零售商巨头"家乐福"① 十多年前退出日本市场时成为话题，媒体和经营评论家就其退出的原因总结出了以下 5 点。

①未与熟悉日本市场的伙伴联手合作，单独开店。

②家乐福未能理解日本民众是成熟的消费者，即便是购买食品也更喜欢选择高质量的商品，其低价战略不适合日本市场。

③日本土地价格昂贵，家乐福不能建造其擅长的单层（低层数）店铺。

④外国人干部与日本员工之间沟通不畅。

⑤在日本复杂的流通体系下，家乐福不能与生产厂家直接交易，无法开展低价销售。

听上去很有道理。然而归根到底，这五点只是假说，是否真的是家乐福退出的原因尚不确定。

笔者从一线的事实出发，是这样考虑的。笔者曾经定期前往家乐福门店购物，有了以下发现。

---

① 家乐福：Carrefour，1959 年创立于法国，在全球率先推出将百货店与超市结合的量贩店（Hypermarket）理念，1963 年在巴黎开设首家量贩店。1999 年与 Promodes 合并成为欧洲第一、世界第二大零售集团。2000 年，家乐福成立日本法人公司，2005 年因业绩低迷将日本公司出售给永旺集团。2010 年 3 月，家乐福品牌从日本市场完全消失。

①店内面积过大，难以搞清楚什么商品在什么地方。

②周末客流拥挤，工作日顾客稀少。

③卖场没有打造出富有变化的季节感。即便有价格便宜的商品，也没有购物乐趣。

④卖场内没有员工，找不到能解答疑问的人（自助式服务与商品构成的错配）。

⑤与其他品牌店铺相似的商品，以相似的价格出售，一般情况下显得因为没有魅力而不能吸引顾客特意前来购物。

综上所述，笔者认为家乐福的退出与其说是因为"日本特有的问题"，不如说是因为"店铺（企业）固有的问题"导致的。

第14条是笔者以前在美国考察时进行调查的经历。

针对"日本的连锁店是店铺各自为政，美国的连锁店则是所有店铺统一管理，实现了标准化"这一定论（假说?），笔者在考察期间进行了确认。本来应该调查商品陈列量和价格，制作商品构成表，汇总考察报告，但由于时间有限，笔者只调查了端架和收银台前小货架上的杂货。

在A店、B店和C店，设在7个收银台前的第1号到第7号小货架上陈列的商品相同。C店有8台收银机，第8号小货架上陈列了录像带（资料2-1）。可见企业内部有着明确的规定。

资料2-1 艾伯森公司[①]收银台前小货架的商品构成与陈列位置

	1号架	2号架	3号架	4号架	5号架	6号架	7号架	8号架
A店	书	口香糖	口香糖	可口可乐	口香糖	切花	百事可乐	
B店	书	口香糖	口香糖	可口可乐	口香糖	切花	百事可乐	
C店	书	口香糖	口香糖	可口可乐	口香糖	切花	百事可乐	录像带

  此外，如果把目光投向端架，可以发现三家门店在2号货架的端架陈列了相同的速食材料（简易菜单推荐），C店1号货架的端架陈列了卫生纸和洗涤用品，与A店和B店不同（资料2-2）。这或许是为了以价格与附近的药妆店竞争。

  尽管可乐与薯片的搭配是一样的，但商品的生产厂家不同。同在加利福尼亚州内，南方与北方有着不同的地区特色，店铺各自应对，并非如定论所说的那样所有店铺保持一致。另外，货架分配的决定程序和商品陈列方法遵循了企业应有的标准，让笔者感到在日本也需要这样做。从那以后，笔者便把"标准化"的意思想成"并非制定条条框框加以限制，而是思

[①] 艾伯森公司：Albertsons，1939年创立于美国爱达荷州，目前是北美第二大连锁超市，旗下超市门店数量超过2200家。

资料2-2 艾伯森公司端架的商品构成与陈列位置

南加利福尼亚

靠收银台一侧

	6号架	5号架	4号架	3号架	2号架	1号架
A店	自有品牌豆子 + Del Monte 番茄酱	意大利面 + Del Monte 番茄肉酱 + 自有品牌蘑菇	果汁 + 曲奇饼	食用油 + 松饼粉	速食材料*	百事可乐 + Pringles 薯片
B店	Del Monte 玉米罐头 + 自有品牌松饼	意大利面 + Del Monte 番茄肉酱 + 自有品牌蘑菇	矿泉水 + 曲奇饼	燕麦片 + 果汁	速食材料	百事可乐 + Pringles 薯片

北加利福尼亚

	6号架	5号架	4号架	3号架	2号架	1号架
C店	自有品牌豆子 + Heinz番茄酱	意大利面 + Del Monte 番茄肉酱 + 自有品牌蘑菇 + Heinz番茄肉酱	食用油 + Dole菠萝片	可口可乐 + Nabisco薯片	速食材料	卫生纸 + 洗涤用品

*速食材料包括食用油、糖、玉米片等等。

维方式的一致性与程序的统一化"。在想通了的那一瞬间,笔者从连锁店原教旨主义者变成了连锁店原则主义者。

关于第15条,围绕店内布局应该引导顾客右转还是左转的问题,目前依然争论不休。有的新店铺甚至到开业前还要更改布局,增加了运营成本。特别是领导和干部对布局尤为在意,迟迟难以下决定。

笔者得出的结论听上去有些简单粗暴,那就是"其实无所谓"。

要验证顾客进店后是右转还是左转的假说,办法是进行顾客动线调查。此外，比较卖场面积基本相同而布局不同（右转或左转）的店内的销售额也是一个办法。在顾客动线调查中，分别对主通道和副通道附近顾客的移动状况进行了分析，结果发现两者几乎没有什么不同。对各种布局下的销售额进行比较后也发现不存在差距。销售额高的店铺，既有右转动线的也有左转动线的。正因如此，"其实无所谓"。这么说可能会让人觉得不靠谱，但却是基于数据和事实得出的结论。

我们是否没有把"这一类理论"当作假说，而是视其为定论而坚信不疑呢？这一类理论既没有经过认真验证，也没有被规则化。按照笔者的想法，进货口附近应该摆放农产品或设置生鲜仓库。如果来店顾客群大多为搭乘地铁或公交车等公共交通工具的店铺，出入口附近摆放熟食小菜。其结果就是，顾客既会右转也会左转，完全没有问题。

6 数据应用的三个注意点

所谓数据洪流，笔者认为指的是那些无处不在但我们尚未觉察到的有用数据。没有被充分利用的这些数据可能会被说成是垃圾山。如果积极地加以应用，它们将成为金山银山。

人类进行了 AI（人工智能）运用大数据提供建议的实验，由 AI 作出经营判断，这在将来可能成为现实。

在应用数据时需要注意哪些点呢？这是笔者正在实践或者说将要实践的问题。

第 16 条　有目的地对准焦点，只了解想要了解的

第 17 条　明确战略方向

第 18 条　一旦决定下来就坚持做下去直到成功

第 16 条同样适用于店铺对比。因为什么都想调查，所以要花费时间。因为要花费时间，所以就说"太忙了，没功夫关注竞争对手"。因为不关注对手，所以就无从着手应对竞争。数据的应用方式中也存在完全一样的负面案例。

目的不明确，暂且先收集数据。动身前往一线，看看能否找到什么线索。对采取行动这一点，要给予肯定，因为在收集数据的过程中偶尔能够发现目的。

确定目的需要勇气。在"选择与集中"之前必须明确目的，否则无法作出选择。目的不必是远大的，一个微小的目标就足矣。

即便是决定一个重点商品，所需要的相关数据以及决定性数据的量也是庞大如山。

需要的数据包括①POS 数据、②PI 值、③TI 值（餐桌出现率）①、④SI 指数②（Cookpad③ 网站每 1000 人的搜索频率）、⑤顾客需求（包括顾客的声音）、⑥消费支出的变化、⑦行业动向、⑧生产商的新产品信息，等等。未来是否有可能使用 AI 处理囊括以上内容的大数据呢？

第 17 条与第 16 条有着关联，指的是对决策（决定）和概念（想法）等加以明确。具体来说就是明确本公司（本店铺）

---

① TI 值：Table Index 的缩写，餐桌出现率。TI 值显示的是菜品（或食材、产品等）在每 1000 张餐桌上出现的次数。用公式表示，TI 值＝出现次数÷餐桌数×1000。

② SI 指数：Search Index 的缩写，搜索指数。SI＝关键词的搜索次数÷总搜索次数×1000。

③ Cookpad：日本最大的美食菜谱网站，开设于 1998 年，收集菜谱 353 万份，用户数量 5400 万人。

的定位，明确想要做什么样的生意。

如果想要成为生活提案型店铺，那就要用数据和事实调查不同年龄层顾客的不满（比调查顾客的愿望更重要），力求彻底消除负面因素。如果想要成为低价型店铺，那就要去"价格.com"① 等网站进行网上调查，或者彻底调查对标企业的价格。最终还能争取成为价格领域的 SPA 企业②。到那时，将需要充分利用自家工厂或友商的工厂。

如果想成为"本地第一，深受顾客喜爱的店铺"，那就不能让这个目标沦为公司内部的口号，而是要收集从以往的问卷调查等渠道获得的顾客反馈，进行分门别类。例如：①顾客的不满、②顾客的表扬、③顾客的愿望 [a. 设施、b. 选品（包括价格）、c. 店铺运营，等等]。梳理了这些信息后，就要确定各部门、各店铺的职责分工，付诸行动。此外，为了向顾客广而告之并同时在公司内部进行宣布，要制作大的布告栏，张贴顾客的不满、表扬和愿望。为了能让人看清楚，这些内容必须抄写工整或使用打印件。除此之外，还要张贴对顾客的答

---

① 价格.com：日本知名 IT 企业 kakaku.com 旗下的产品价格对比网站。
② SPA：Speciality Store Retailer of Private Label Apparel 的缩写，直译为自有品牌服饰专业零售商。SPA 商业模式由美国服装巨头 GAP 公司于 1986 年提出，是一种整合了商品策划、制造和零售的销售形式。其他知名 SPA 品牌还有日本的优衣库、无印良品，西班牙的 ZARA，等等。

复，并视情况公布改善前和改善后的照片。这个工作需要耗费时间和人力，但最终将有助于提高顾客店铺忠诚度。

资料3是准备开设新店或对现有店铺进行大规模翻新时的基本计划清单。在实施商圈调查、顾客调查、竞争店调查和进行自身店铺分析时，把根据清单制定的基本计划与数据、事实加以对照，验证每个项目是否发生了不一致。

第18条与第17条也有关联。读者可能会问这一条与数据应用有什么关系。结果，它在一定程度上将决定数据的好坏和应用方式的对错。这里的因果关系是相反的。数据所含信息中有乐观性的，也有悲观性的，有善意的，也有并非善意的。

近来，领导或干部在给出发展方向或作出决定时，因数据和他人的意见显示有利有弊而难以下判断的情况多了起来。所有数据都正确、全体人员都持赞成意见的情况是不可能出现的，必须在现有条件下作出决定。

事情有时顺利，有时不顺利，这是理所当然的。顺利时数据就是对的，不顺利时数据就是错的或者应用方式有误。不管怎样，这是成王败寇的世界，成功与否不在于数据的好坏，而是取决于结果。

资料3 开设新店、大规模翻新时的基本计划清单

掌握商圈整体情况，验证基本计划

*了解市场的特色，把握商圈发展方向
1. 市场机会在何处，有多少？
2. 如果在某个地理位置以某种规模经营店铺，如何实现与竞争对手的差异化？
3. 从店铺的形象，当地的需求，顾客的不满中发掘出什么结果？

商圈
- 商圈的人口、年龄、性别分布
- 不同街区人口结构的特征构成与趋势
- 市场规模
- 地形、公路网、交通系统
- 产业结构（当地产品）
- 学校相关情况（分布、校园活动）
- 不同街区的住宅情况

顾客
- 风土人情、习惯、仪式和活动
- 商业聚集情况
- 流入、流出
- 年收入
- 生活方式（服装、娱乐、休闲）
- 饮食生活（口味、偏好、嗜好）
- 不同商品目的消费指数
- 就业情况（家庭主妇就业率）
- 购物动向（在何处、买什么、怎么买的，频率如何等）
- 换季时的生活方式
- 居民的不满（当地缺失的选品、服务功能）

竞争对手
*以顾客的行动为主加以分析
- 商业聚集情况
- 竞争店铺的分布情况
- 大型店铺的市场份额
- 商业街、购物中心、建材超市、折扣店的情况
- 地区之间的竞争情况
- 门店强项弱点（经营的商品种类）
- 设备能力（餐饮、服务、停车场）
- 专卖店的分布情况
- 大型店铺内的商户情况
- 不同地区排名前三位的店铺名单
- 顾客对竞争店的反馈（满意之处与不满之处）

商品部
*分析商圈内的竞争店铺，以商品和顾客为中心加以分析
- 竞争店的营销力、市场规模
- 政策性商品
- 价格区间（价格政策）
- 生产厂商的构成
- 主要产地
- 经营的商品、等级
- 销售能力
- 选品
- 各家竞争店的动销情况（每周、不同单品的表现）
- 预计销售额（自营与联营）

【商品部】

028

笔者一直在强调"说话的人、做事的人、为做事创造条件"的重要性。取得成功后,"说话的人"普遍大受关注,然而正因为"做事的人"做了事,"为做事创造条件"的文化在企业内部渗透,全体员工才会咬着牙努力奋斗。反过来说,如果不出结果,数据也不会获得肯定。而如果坚持做下去直到成功,对数据及其应用方式的评价就会提高。

重要的是不放弃地坚持到底直至成功。

曾经有记者问松下电器(现为 Panasonic)的创始人松下幸之助[①]先生:"您为什么从未失败?"他回答道:"我总是失败。但是,失败了也不放弃,坚持做下去直到成功,所以就看不出失败了。"

[①] 松下幸之助:1894—1989 年,全球闻名的日本实业家、发明家,松下集团的创始人。他创立了"终身雇用""年功序列"等管理制度,被誉为"经营之神"。

7 应用数据时值得铭记在心的话

"如今世界上都在宣传现在已是信息社会,人们以为数据想要多少就有多少。但是,数据越多,就有可能越搞不懂这个世界。正因如此,用自己的脚行走,切身感受到的信息才有生命力。"摘自彼得·德鲁克①的《非顾客论》。

---

① 彼得·德鲁克:Peter Ferdinand Drucker,1909—2005年,出生于奥地利的现代管理学之父,其著作影响了数代追求创新以及最佳管理实践的学者和企业家。

第 2 章

店铺对比

借鉴萨姆·沃尔顿[①]的走动式管理法（MBWA）

[①] 萨姆·沃尔顿：Sam Walton，1918—1992年，美国企业家，作为全球最大零售商沃尔玛公司的创始人而闻名于世。

店铺对比即是经营战略

不知道如何观察、调查、运用店铺的人,不管是领导还是干部,都不可能解决企业、店铺或卖场的问题。不能实事求是地审视、分析一线发生的现象和世间动向的人,如何能够发现自己的企业或店铺的问题?

"店铺对比"这个词人尽皆知。现在也有许多人认为进行店铺对比是理所当然的事,一直以来就是这么做的。但是,他们真的是在客观地观察事实吗?真的是在老老实实且迅速地运用事实吗?最重要的是,他们能自信地说店铺对比真的有用吗?在零售工程再造战略中,店铺对比是不可或缺的技术。

1 萨姆·沃尔顿的走动式管理法（MBWA）

沃尔玛的创始人、已故的萨姆·沃尔顿一直很重视 Management by Walking Around（MBWA）。

MBWA 直译过来就是"走动式管理法"。虽然以"走动"冠名，但笔者认为这种管理方法不是单纯增加巡店次数那么简单。

在零售行业，顾客对其接触的卖场的评价就是一切。业内人士肯定会把 MBWA 认为是"基于一线的事实、注重一线信息的管理方法"。

资料 1 显示了店铺对比的定位。店铺对比是在商品营销企划（MD）之前进行的。换句话说，店铺对比才是构成市场营销的第一击球手。如果店铺对比不充分，不仅商品营销企划不会有好结果，市场营销也不能执行到位。

店铺对比如此重要，然而实际工作中是否只调查价格，制作商品构成（商品线结构）图或价格排面表（PF 表，P＝Price，价格；F＝Facing，排面），弄清楚价格高低后就止步不

资料1　店铺对比的定位

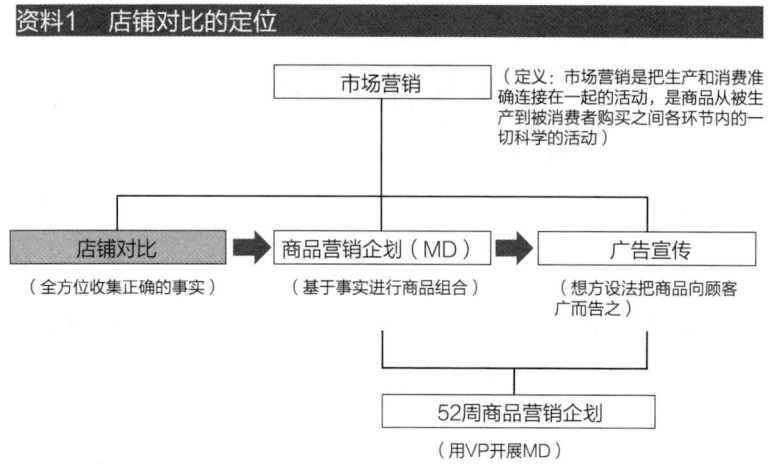

```
                    ┌──────────┐  （定义：市场营销是把生产和消费准
                    │ 市场营销 │  确连接在一起的活动，是商品从被生
                    └──────────┘  产到被消费者购买之间各环节内的一
                         │        切科学的活动）
         ┌───────────────┼───────────────┐
         ▼               ▼               ▼
   ┌──────────┐   ┌──────────────┐   ┌──────────┐
   │ 店铺对比 │ ▶ │商品营销企划(MD)│ ▶ │ 广告宣传 │
   └──────────┘   └──────────────┘   └──────────┘
  （全方位收集正确的事实）（基于事实进行商品组合）（想方设法把商品向顾客
                              │                    广而告之）
                              ▼
                    ┌──────────────────┐
                    │ 52周商品营销企划 │
                    └──────────────────┘
                       （用VP开展MD）
```

＊VP = Visual Presentation，视觉展示

前了呢？

　　下面将依次说明为什么会发生上述现象。笔者并不是要否定制作这些表格的必要性。这一点还请读者不要误解。笔者本人也制作这些表格，并自诩对这些图表的应用最为充分。

2 错误百出的店铺对比

★ 店铺对比的定义和意义

让我们重新思考店铺对比有着什么样的意义。

店铺对比的定义是学习竞争对手的优点，为借鉴其优点开展调查。除了"店铺对比"，其他说法还有"竞争店调查""店铺诊断"，很早以前还有人称之为"市场价格调查"（市价调）等。

店铺对比的意义在于从竞争对手的选品、价格、商品陈列、宣传展示方法、店内布局以及店内设备器具等卖场的打造当中积极找出优点，以通过比较发现自身店铺（或企业、卖场）的问题点并加以改善。如果这么想，店铺对比的意义本应比我们曾经理解的更广泛、更重大。店铺对比不仅仅是调查价格（当然要取决于目的，不能一概而论），也并非只是制作商品构成表（取决于标准的不同）。

与店铺对比意义相近的词语是"标杆分析法"（Bench

Marking）。标杆分析法指的是为了赶上在行业内外占据优势的企业（店铺）的水平或数值而改善业务，设定作为目标的测定基准（Bench Mark），采用并实践适合自身企业（店铺）的最佳做法（Best Practice）。正如之前资料1中被定位的那样，店铺对比是市场营销的一个环节，是通往商品营销企划（MD）乃至广告宣传的第一步。为此，必须从各个角度客观地收集事实。

★ 笔者进行店铺对比的理由

如果被问起为什么进行店铺对比，笔者会作出如下回答。

①通过调查竞争对手，找出自身店铺（企业）的强项和弱点。

②确认自己正在做的事是否符合企业的方针或店铺的理念。

③确认自己正在做的事是否受到顾客欢迎、是否与时俱进，磨炼自身的敏锐度。

店铺对比是为了自己（进而言之为了店铺、企业）才进行的。这么说并不为过。有人会说："日常工作忙碌，没有时间进行店铺对比。"对此笔者要强调的是，必须把店铺对比放进日常工作中。

"带着目的、对准焦点、只调查想要了解的",有没有这种想法才是重要的。如果有这样的想法,夸张点儿说只用1分钟也能进行店铺调查。

★ 客观观察的重要性

我们似乎是在客观地进行观察,而实际上并非如此。这就很难办了。我们在观察时或心血来潮,或带有成见,用来观察的是"以往经验"和"头脑",而不是事实和数据。观察为什么必须客观?

①为了站在顾客的立场上了解购物时的愿望和不满。

②为了找出竞争店卖场内好位置上有的、自身店铺却没有的商品。

③为了了解同样的商品在竞争店那里是如何销售的。

④为了老老实实地了解事实,老老实实地应对事实。

⑤为了效仿、学习发生在眼前的具体的做事方法。

我们在调查自身店铺或其他店铺时,是否站在了顾客的立场上呢?所谓站在顾客的立场上,指的是去贴近调查当天前来购物的顾客的感受,诸如今天是什么日子、天气如何、兜里揣了多少钱、生活中在意的事、电视上成为话题的事，等等。

在竞争店那里卖得好的商品，就是我们拿来摆在自己店铺里也能畅销的一个保证。

3 竞争对手是谁，在哪里

店铺的竞争对手并不限于同一行业（形态）的店铺。以食品为例，既有不同行业形态（超市对便利店）之间的竞争，还有原本不会冲突的建材超市和药妆店因经营食品而产生竞争的情况。预计没有实体店的零售业（网络购物、外卖、电视购物等）将是强有力的竞争对手。

即便是在同一业态之内，以连锁超市为例，按照笔者的分类，还可分为价格指向型、提供便利型、生活提案型、价值导向型等，正如资料2显示的那样。因此，应该把与自身店铺有着相同定位，或者朝着同一方向发展的店铺认定为竞争店。

★ 认准真正的竞争对手

综上所述，不要把同行业形态内的所有店铺都视为竞争对手，必须把那些定位相同的店铺（企业）当作真正处于竞争关系的店铺（企业）。然而，如此认定竞争对手，并非从顾客视角出发，而是从卖家的思维方式出发。顾客并不会按照这个

资料2　日本连锁超市的定位

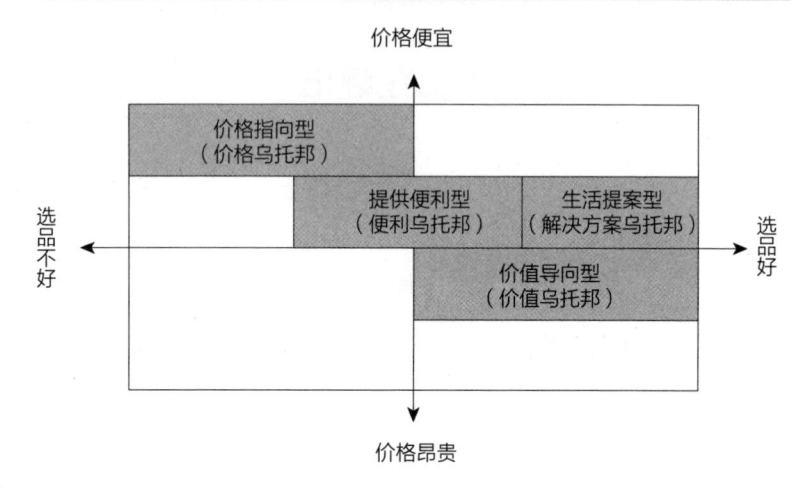

```
                     价格便宜
                        ↑
    ┌──────────────────┼──────────────────────────┐
    │  价格指向型       │                          │
    │ （价格乌托邦）    │                          │
    │                   ├───────────┬──────────┐   │
    │                   │ 提供便利型│生活提案型│   │
 选品│                   │（便利乌托邦）│（解决方案乌托邦）│ 选品
 不好├───────────────────┴───────────┴──────────┼──→好
 ←──│                   ┌───────────────────┐   │
    │                   │   价值导向型       │   │
    │                   │ （价值乌托邦）     │   │
    │                   └───────────────────┘   │
    └──────────────────┼──────────────────────────┘
                        ↓
                     价格昂贵
```

分类来选择去哪家店购物，他们只是模糊地知道店与店的区别。

如果不这样分类，自身店铺（企业）应对竞争的措施容易局限于片面的价格战。当然，价格指向型企业"以价格为生命"，本就是要比任何对手卖得都便宜。

竞争店的定义并不明确（许多书中简称之为"竞争对手"）。笔者认为，竞争店就是符合以下条件的店铺。

①商圈重叠，目标顾客群体相同。

②卖场面积和商品构成基本相同。

③中心价格带（适当的价格）相同。

以上3点都符合的店铺，可以认定为竞争店。成为竞争店的条件与前文提到过的店铺定位一致。

想要知道是否符合①，对穿着进行调查就可以，这是任何人都能轻易做到的。至于②和③，通过实际调查卖场面积、基本棚格，制作商品构成图就可以了解。

总之，要明确本店铺（企业）是"做什么生意的"。确定这一点之后，把有着同样想法的店铺（企业）认定为竞争对手，定时定点地进行观测。不得不说，店铺对比即是经营战略。

4 眼花造成手误

"眼花造成手误"的意思是看法有误会导致应对措施无效。

笔者希望这个据传最早出现于某汽车制造商工厂的说法在零售行业也能被更多地使用。好在零售行业没有专利，任何人模仿都不会惹来愤怒。当然，零售行业需要的不是徒有其表的即兴的模仿，而是正确地效仿和学习。

对于店铺对比的误解，有以下几点。

①把店铺对比误认为是"价格调查"。

不调查价格的人应该是没有的。重要的是为了借鉴到自身店铺而弄清楚要了解什么，即明确调查的目的。

在商品过剩、竞争对手过多的成熟经济时代，低价格有着巨大魅力。另外，这也是一个不能贸然断定"我们店成功是因为价格便宜""由于价格贵才落败"的时代。因为除了价格，顾客对安全、放心、健康、发现、乐趣等的需求更为高涨。

时代（顾客的生活）改变了，店铺对比的思路和做法也应改变。

②把店铺对比误认为是"调查外表和形式"。

进行店铺对比时当然要调查布局、货架陈列、设备器具、POP广告，等等。重要的是通过分析看得见的外表和形式，了解企业的想法或店铺理念等看不见的要素。调查了卖场面积，就能断定"因面积大所以能赢"吗？需要从"面积大是否合算""商品众多是否便于顾客购买"等角度出发作出判断。

③把店铺对比误认为是"调查"。

进行店铺对比的人往往不是从购物者的视角出发，而是用调查者或业内人士的眼光去观察。

例如，制作了商品构成图后，即便我们发觉"咱们店的下限价格（Opening Price）靠左"，但顾客能发现这一点吗？说不定因为卖场不好找、排面数量少、POP广告不显眼，顾客根本注意不到这里的价格较低。这些是只有进行了调查的人才知道的事。

不进行正确的店铺对比，调查结果就不能充分发挥作用。

★ 一叶障目、以偏概全

工作久了后，成见和经验就会烙印在人的脑海中。令人遗憾的是，零售业现在仍然是凭"经验"就能行走八方、就能获得肯定的行业。不知不觉中，我们就沉迷于"价格就是一切""价格调查就是一切""选品就是一切""商品就是一切""顾客服务就是一切"等这些所谓的信条。当然，笔者能够理解除信条之外还有情怀存在。

深信"价格就是一切"的人，哪怕销售低迷的原因在于让顾客在收银台前等候付款的时间过长，也倾向于用进一步的降价措施去应对。

认为"选品就是一切"的人，哪怕降价损失的原因在于顾客对商品了解不足，也要试图用增减精选商品或高价商品的陈列量的方式来渡过难关。

认为"顾客服务就是一切"的人，哪怕顾客投诉的是"商品与 POP 广告宣传的不一致"，也会通过过火的服务态度培训去应对，结果就是纠缠式地待客。在笔者看来，建设便于自助购物的卖场才是正确的解决办法。

5 店铺对比的正确步骤

既然知道店铺对比的重要性,那为什么不能坚持做下去呢?"现在不是时候""太忙了""对调查方法没有自信""进行了店铺对比也借鉴不过来"等,这些都是笔者听到过的理由,或者说借口。

★ 坚持就是生命

店铺对比不耗费人力和时间也能进行。既然不费时间,那么任何时候都能做。不费人力,任何人都能做。不费人力和时间,那就不用花钱。

坚持比任何事都重要。为了把调查坚持做下去,可以有点"差不多"的想法。因为如果要把调查做成完美无缺,人会疲惫。其实只要了解了 50%,凭这部分成果也能有所作为(参考资料 3)。

正如前文所说的那样,笔者认为"带着目的、对准焦点、只调查想要了解的"是店铺对比的正确实践方法。不要因为

资料3　只有自己动手调查才能出结果

为什么调查

①调查就是"调查事实予以澄清"
遗憾的是许多人单凭直觉作出判断。

②调查就是"研判店铺所处市场环境的变化"
遗憾的是很多人只在开展工作之前进行唯一的一次调查。

③调查就是"验证自己的想法是否正确"
遗憾的是很多人一味地增加调查量，反而陷入混乱。

今后的调查"若不坚持则没有意义"

调查的三个原则

①不费时间
→如果方法简单，则调查不需要花费时间。
兼职和临时工也能进行调查。
因为简单，可以多次进行。

②不费金钱
→因为不用花钱（或者只需花很少的钱），可以不受预算限制，定期进行。

③不费人力
→因为不费人力，可在营业时间内进行。
正因为在营业时间内，可以听到顾客的声音。

没有自信而把调查推给他人，也不要因为忙碌而嫌调查麻烦，要让自己的手脚活动起来。这样做才会有效果。

作为掌握事实的步骤，以下几点是必须遵守的。

①明确目的是什么

不实际去观察店铺（卖场）是不行的，首先要明确自己想要了解什么，想要借鉴什么。

如果没有目的，那就停止调查店铺（卖场）。有时候调查就是浪费时间（调查作业、汇总作业），不正确的调查不会带来理想的结果。

②制定调查的基准

调查不是观察一切。否则太耗费时间，之后的汇总、分析作业也吃不消。想要在有限的时间内出成果，需要制定基准。这个基准既是调查的基准，也是借鉴的基准。

基准有许多，具有代表性的有（a）商品、（b）价格、（c）时间。

（a）单说"商品"令人感到模糊，相当抽象。商品中有主力商品、重点商品、滞销商品、畅销商品和话题性商品，等等。

重要的不是调查商品，而是调查什么样的商品。之所以这么说，是因为不同的商品有着便宜、优质、精品等不同的特质。

笔者对主力商品的定义是"一年里始终畅销的前五名商品"。正因为主力商品是店铺的收入之源，确保不断货就成了重中之重。由于主力商品的购买频率高，顾客对其价格相当敏感。

重点商品，笔者的定义是众多商品中那些"应在本周（今天、现在）重点销售的商品"。因此，重点商品应该及时且在醒目场所吸引顾客目光，并视情况在多处陈列。

滞销产品之所以卖不出去，是因为陈列场所（包括陈列位置）、价格（特别是高价）、商品没有认知度，所以调查方法应随之改变。

(b) 价格有便宜度（绝对价格）和便宜感（相对价格）之分。

正如我们说便宜了10日元、贵了10日元那样，任何人都能看出价格的高低。

便宜感则是另一回事。即便是价格便宜的商品，如果不知道陈列场所或位置，排面数量少不容易找到，POP广告不醒目无法吸引目光，其便宜感就不能传达给顾客。无效的降价因此而产生。商品的陈列量多（有量感），陈列场所醒目，顾客就会觉得便宜。这就是便宜感。

由此看来，只有以价格为核心的商品构成图是不够的。如果不进行布局调查和棚格排面调查，了解商品陈列的场所，好不容易制定的便宜价格就不能获得顾客的认知。

(c) 时间指的是"在几点看到的"。店铺（卖场）的销售和展示方式会随着几点、星期几（工作日和周末、发薪日的前和后）而变化。调查因此不宜总是在固定的时间进行。

特别是刺身和寿司等生鲜食品，开门营业时、高峰时、闲暇时的"面貌和表情"，即销售方式和展示方式各有不同，意识不到时间因素的调查是错误的。由于进店的顾客群体会随时间而变化，要调查竞争对手就应该在同一个时段调查，或者根据目的改变调查的时间。

③选择调查方法（工具）

确定了目的和基准，调查方法（工具）就随之而定了。要想进行有效的调查，务必注意不能只拘泥于习惯了的方法。根据目的和基准的不同，简单的方法也是有的。

6 店铺对比的读取及调查方法

想要看清事实，就必须从各个角度进行观察。因此，调查方法（工具）要多种多样。

以下是笔者准备的在实际工作中使用的调查工具，其中包括原创工具。

①商品构成图

商品构成可谓最基本的调查内容。在进行了价格调查之后，必须汇总商品构成图。由于表格制作过于简单，填写方式和汇总方法的规则（作业手册）等各行其是，很多没有被标准化。

例如，(a) 图的标尺刻度等间隔不统一，只看到价格线。

(b) 调查依照的是陈列数量，而实际上排面数量更简单易懂。

(c) 图形像心电图，不容易找出中心价格。

资料4是笔者总结的商品构成图的正确汇总与读取方法

示例。

资料4　商品构成图的正确汇总与读取方法示例

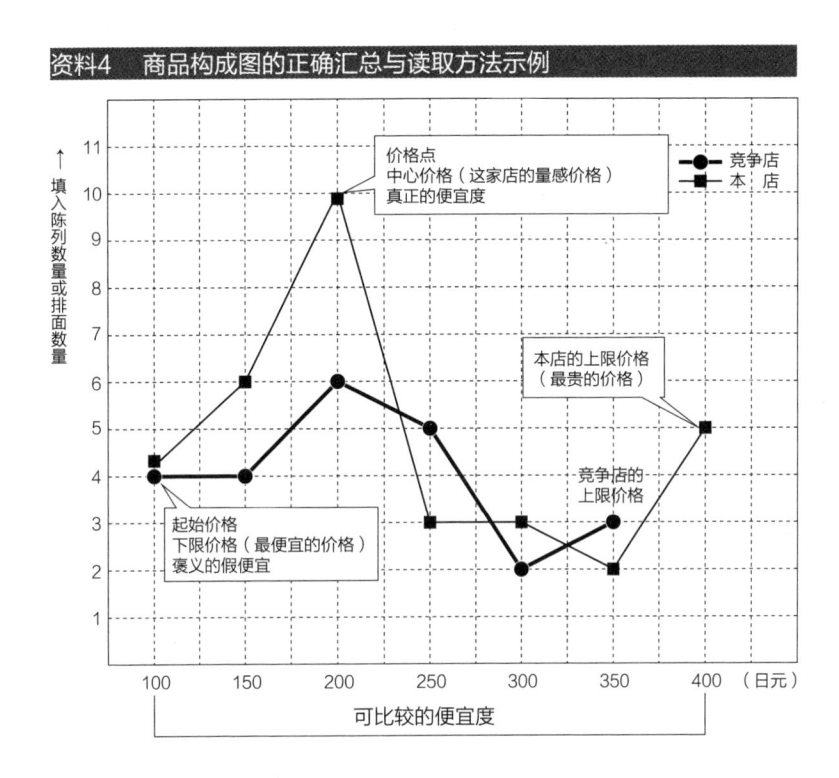

图中标注说明：
- 纵轴：填入陈列数量或排面数量（1—11）
- 横轴：可比较的便宜度（100—400 日元）
- 图例：●竞争店　■本店
- 价格点　中心价格（这家店的量感价格）　真正的便宜度
- 本店的上限价格（最贵的价格）
- 竞争店的上限价格
- 起始价格　下限价格（最便宜的价格）　褒义的假便宜

传统的商品构成图不知何故只有不同价格（P）的陈列数量（或排面数量）。笔者把这样的商品构成图称为PF表。然而，在陈列数量之外调查商品的量和尺寸（S）、风味和味道（T）、品牌（B）、颜色和色调（C）时，就要制作SF表、TF表、BF表、CF表。毕竟从多个角度进行调查能增加应对选项。

进一步说，单是PF表，对每100克的单位价格（Unit

051

Price，UP）和包装价格（Pack Price，PP）进行调查后，就能很好地了解店铺（企业）的想法。例如肉类商品的单位价格高，但可以通过减量来降低包装价格以示便宜（造成便宜感）。

②MD 差异化调查法（原创）

MD 差异化调查法由笔者原创，是从顾客视角出发观察店铺（企业）的调查方法。顾客在有限的时间内，应该会把店内的商品构成、价格、卖场建设、展示、POP 广告等都粗略地看在眼里。如果真是这样，那么用相同视角去观察，就能够了解顾客的感受。这个方法又可称为顾客购物印象度调查法（请参考资料 5）。

③重点商品促销调查（原创）

重点商品促销调查也是笔者的原创，旨在调查重点商品的陈列是否醒目。笔者自豪地认为任何人都能简单愉快地完成这个调查。资料 6 是聚焦某一周的重点商品洗衣剂，对自身公司 A 店和竞争对手店进行调查后的总结。

资料5 商品差异化调查填写示例

部门：日配　　重点商品：面包

店　名 项　目	A公司超市	B公司小超市	C公司特大超市
商品构成 （销售的商品种类和数量）	货架长度390cm 双层货架的上层 12个单品	货架长度150cm 平台 4个单品	货架长度480cm 平台 7个单品
卖场建设 （商品的陈列场所和陈列方式）	根据顾客动线醒目陈列	分散陈列	根据顾客动线醒目陈列 3个单品称量销售以突出便宜
卖场建设 （商品的陈列场所和陈列方式）	上限600日元 中心200日元、500日元 下限35日元	上限400日元 中心300日元 下限200日元	上限300日元 中心280日元 下限21日元
促销方法 （促销主题和促销内容等）	精选面包 人气商品、新商品 POP广告	健康主题促销活动 周五优惠价 （全品降价20%）	现出炉 可称量销售
展示 （POP广告、道具、试吃等的内容）	A4尺寸POP广告1张 （印有商品说明、吃法介绍） 试吃摊位1处	入口处设有"周五优惠价"看板 健康主题促销活动POP广告1张、B5尺寸的一半 店内广播介绍健康主题促销	在4处场所设置B4尺寸的商品特色及试吃POP广告
服务	没有主动推销的服务	有礼品盒 告知面包出炉时间	没有主动推销的服务
其他	有餐饮区	无	有餐饮区 收银台设有顾客放包的位置 用荧光灯的色调渲染面包的美味 陈列柜设有镜子

　　表格的上半部分是货架、多层货柜等常规陈列区，下半部分是平台、平面柜、端架、特设摊位等非常规陈列区，如实记录了在卖场看到的和感受的情形。

　　表格上填写的内容非常简单，但加以比较后能发现两家店的差异之大简直令人吃惊。由于调查起来很简单，可以多次去

053

资料6　重点商品促销调查填写示例

部门：日用杂货　　重点商品：洗衣剂

项　目	店　名	本公司A店	竞争店
常规陈列场所	促销	新商品（突出电视广告商品）	通过自有品牌突出价格便宜
	使用媒体	①生产厂家的促销工具（展板） ②用"电视广告商品""热销中"等话语吸引眼球	①宣传"使用量少却具备强大洗净能力"的悬吊式展板 ②用自有品牌和"50周年纪念"等吸引眼球
	诉求点	新商品展示	突出价格便宜
非常规陈列场所	促销主题	洗衣剂大促	端架专门 陈列杀菌产品 ＊未陈列洗衣剂
	促销	大量陈列知名NB①品牌的主力产品的单品	
	使用媒体	突出低价格的POP广告	
	卖点	人气商品甩卖	

（亦可每天去）竞争对手店铺，发掘可供自身店铺（卖场）借鉴的好的例子。调查只需10分钟即可完成。即便制作商品构成图后提出了"把中心价格向左移"（即降低中心价格，译者注）的发展方向，但由于有加价率和毛利率预算，价格并不能轻易地提升或下调。因此，重点商品促销调查更具有实践性。

---

①　NB 是 National Brand 的缩写，即全国性品牌。与其对应的是 PB, Private Brand，即自有品牌。

④布局调查

调查卖场的布局可以得知商品的摆放陈列场所、货架数量、卖场面积等信息。动线调查让我们遗憾地发现了顾客并没有逛遍整个卖场这个事实。

此外，如资料7所示，对布局、关联陈列、菜单推荐的实际情况进行对比，可以厘清企业在想法上的不同。

A公司采用了在任何一家超市都能看到的普通关联陈列。生活提案型的B公司因三四十岁的家庭主妇顾客较多，把非主流菜单也纳入了推荐之列。

⑤棚格及排面数量调查

如果想要了解商品政策和有利于提高收益的货架陈列智巧，棚格及排面数量调查是一个办法。特别是对常规棚格进行调查，能够很好地了解一个企业或店铺的想法和商品政策。这是商品部员工必须定期进行的调查，但相当耗费时间，而且在竞争对手的卖场内长时间逗留还可能引发纠纷，因此应慎重实施。

调查时必须遵守以下三条规则：不要在卖场内做记录、不要拍照、不要影响店方正常营业。

资料7　涮锅关联布局比较

① A公司（450坪①）

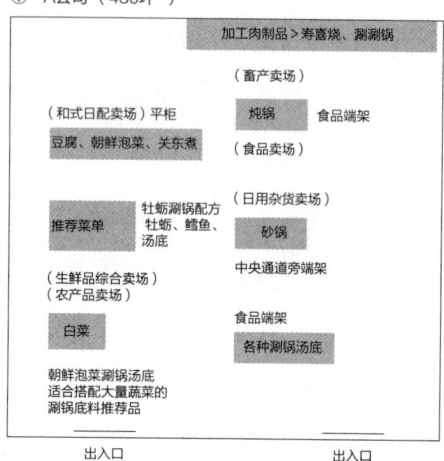

```
                              加工肉制品＞寿喜烧、涮涮锅
                              （畜产卖场）
   （和式日配卖场）平柜          炖锅      食品端架
   豆腐、朝鲜泡菜、关东煮         （食品卖场）

                              （日用杂货卖场）
   推荐菜单         牡蛎涮锅配方
                  牡蛎、鳕鱼、    砂锅
                  汤底
   （生鲜品综合卖场）             中央通道旁端架
   （农产品卖场）
                              食品端架
     白菜                      各种涮锅汤底

   朝鲜泡菜涮锅汤底
   适合搭配大量蔬菜的
   涮锅底料推荐品
             出入口              出入口
```

② B公司（600坪）

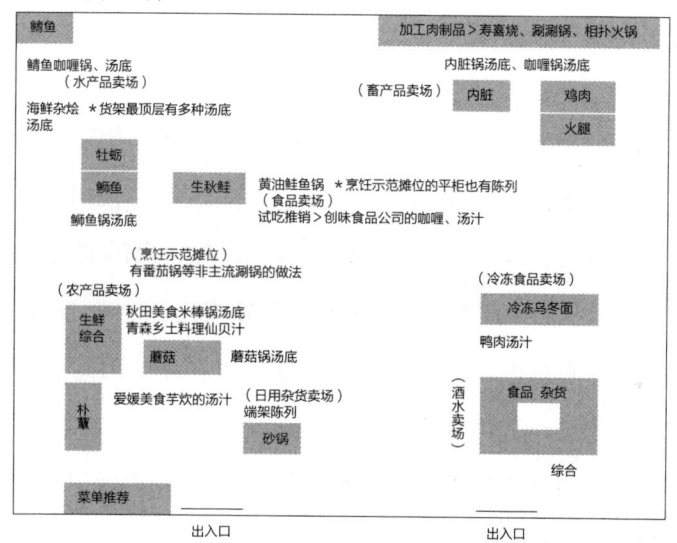

```
  鲭鱼                         加工肉制品＞寿喜烧、涮涮锅、相扑火锅
  鲭鱼咖喱锅、汤底               内脏锅汤底、咖喱锅汤底
  （水产品卖场）                 （畜产品卖场）
  海鲜杂烩 ＊货架最顶层有多种汤底              内脏      鸡肉
  汤底                                            火腿
         牡蛎
         鲕鱼    生秋鲑  黄油鲑鱼锅 ＊烹饪示范摊位的平柜也有陈列
                         （食品卖场）
      鲕鱼锅汤底           试吃推销＞创味食品公司的咖喱、汤汁
       （烹饪示范摊位）
       有番茄锅等非主流涮锅的做法
  （农产品卖场）                            （冷冻食品卖场）
         秋田美食米棒锅汤底                  冷冻乌冬面
   生鲜   青森乡土料理仙贝汁
   综合    蘑菇    蘑菇锅汤底                鸭肉汤汁
         朴    爱媛美食芋炊的汤汁（日用杂货卖场）
          蕈                    端架陈列    （酒水卖场）
                                砂锅        食品 杂货

                                                综合
  菜单推荐
            出入口                  出入口
```

① 坪：日本明治时期制定的面积单位。1 坪＝3.30579 平方米。

资料8是竞争店和本公司A店熟食小菜部门16点时寿司摊位的棚格调查表。从调查结果中可以清楚地看出，本公司A店在高峰时段的选品和销售力度大大超出竞争对手。但是，本公司A店并非各方面都强，中心价格的商品有缺货；品尝对比后还发现醋米饭的味道不如竞争对手。

资料8　棚格及排面数量调查填写示例

部门：熟食小菜　　重点商品：寿司

商品名	项目	店名	竞争店 卖场（构成比）	竞争店 SKU（构成比）	竞争店 价格	本公司A店 卖场（构成比）	本公司A店 SKU（构成比）	本公司A店 价格
生寿司			4尺① (13%)	3 (4%)	498~780日元	4尺 (24%)	8 (20%)	498~780日元
生寿司	重点商品		生寿司 〃 〃		498日元 690日元 780日元	特选生寿司 生寿司 〃 〃 特选金枪鱼寿司		880日元 498日元 580日元 980日元 980日元
小菜寿司			12尺 (40%)	32 (43%)	98~550日元	8尺 (7%)	15 (36%)	100~580日元
小菜寿司	重点商品		葱花中肥金枪鱼卷什锦盒 油豆腐寿司　　3个库存量单位 自选细卷寿司　　　98日元 粗卷寿司、沙拉　　2个SKU			葱花金枪鱼卷 沙拉卷 粗卷 中卷套餐 粗卷油豆腐寿司 西洋风助六寿司		580日元 400日元 400日元 380日元 398日元 380日元

	本店的强项和弱项	改善和对策
生寿司	没有680日元和780日元的商品 醋米饭的味道不如竞争对手	增加680日元的生寿司 改善醋米饭的味道 强化特选寿司、使用印度金枪鱼
小菜寿司	自选细卷寿司的种类少 寿司什锦盒的选品数量不足	强化细卷、中卷、自选寿司 增加SKU

7 店铺对比的有效应用

每次作了店铺对比后当然要迅速着手采取应对措施。然而，迄今为止似乎多是纸上谈兵，从实践中学习的较少。如何对从店铺对比中了解的事实加以应用？下面介绍几个应用范例。应用方法的表格形式全部为笔者原创。

①综合评价法

资料9是对自身店铺和竞争店铺的寿司卖场进行各项调查后综合汇总的表格。表格的左半部分是调查的事实，右半部分是对各类强项及弱点的对比，并提出了改善办法和行动建议。从各个角度读取表格后，可以发现应对措施不限于价格，可以采取的改善办法之多令人惊讶。

②卖场彻底检查清单法

资料10是为建立总部与店铺之间信任关系而制作的检查清单。

第2章 店铺对比

资料9 综合评价表示例（寿司卖场）

项目	自身店铺	竞争店（调查对象店）评价 竞争店	自身店铺的强项	自身店铺的弱点	应改善之处
重点商品促销调查	整个卖场设置七五三①主题POP广告"庆祝成长七五三"贴纸 无芥末寿司套装"红叶"	贴着"本日推荐①"贴纸的54个SKU与POP广告宣传 展板宣传"生寿司请在4小时内食用"	关联商品味噌汤、汤、冻、咖喱块、真空包装米饭	未提供价格支持（希望商品改变七五三准备的思想商品）	进一步突出鲜度管理（规定时间内售完），加大力度宣传食材的优势，以及食品添加剂等的优势
MD差异化调查	油豆腐寿司（个头小一圈，米饭硬、过咸）寿司卷有6个单品（在总共20种寿司中数量最多）使用县内生产的新米	自选寿司卷（盒装）油豆腐寿司（汤汁味道良好，米饭上撒有白芝麻）寿司卷有13个单品（寿司总共19个）使用县内生产的"越光"新米	标示出了添加剂 有什锦油豆腐寿司（油豆腐寿司共2个单品）	聚会派对用的寿司拼盘较弱 顾客没有对这类寿司卷的乐趣	增加单品数量 宣传可预订聚会派对用寿司
价格强弱点调查	上限价格980日元 平均摆放中心价格680日元 下限价格250日元（5个，250日元）	上限价格980日元 中心价格680日元 油豆腐寿司（3个，148日元）	无	平均摆放没有量感（畅销商品的陈列量少）仅有1个排面	分出销售方式的轻重缓急
布局调查	有试吃摊位，无店员接待 布局顺序为海菜→鲜鱼→肉类→熟食小菜（寿司）	寿司与熟食小菜的卖场位置相距过大 布局顺序为海菜→鲜鱼→熟食小菜→肉类（寿司）	无	店内的整体布局不清晰 卖场整体上显得错淡	在通道设置照片展板和样品等以吸引醒目
货架上的陈列方式及排面数量调查	1个排面要陈列8个SKU的有3处 场所未垂直陈列	分成两处场所陈列	无	看不到作业场所	明确提想要销售的商品的排面，营造出量感

① 七五三：庆祝七岁、五岁和三岁儿童顺利成长，祈愿今后身体健康的日本传统习俗。

资料10 卖场彻底检查清单填写示例

部门：日用品部　　时间：第7周 4月27日（周四）~5月3日（周三）　　填写日期：5月1日（周一）　　填写人：山本

本周的重点商品与重点主题：推销旅游休闲用品

	已完成事项	自身店铺评价	未完成事项	自身店铺评价	与竞争对手相比	综合评价	已完成：〇 未完成：× 已完成事项优于竞争对手〇 与竞争对手持平△ 比竞争对手差×
评价方法							
活动发起缘由、销售方式和宣传展示方式等需陈列的内容					未完成的原因与对策 比竞争店差的原因与对策制胜的原因与对策 （按照作、演、调分别制定对策）		
<活动缘由> ①旅游休闲用品销量因黄金周而上升（一年间销量排第三的周）。 ②从易耗品开始销售上升。推销易耗品与烧烤产品。							
<销售方式和宣传展示> ①必须展示陈列100双装一次性筷子和大容量锡纸碗。大型店铺要整箱陈列。	①一次性筷子和锡纸碗各以4个排面以上的力度陈列。	〇	①无			×	①竞争店还陈列了纸杯、纸碟和保温锅等商品。 ※总部方案中应指示"协同展示"陈列"。
②木炭要打开一箱陈示，突出品质。	②设置了突出木炭品质的POP广告。	×	②陈列了木炭箱，但未开箱展示。			△	②竞争手较少整箱陈列（缺货状态），进行了开箱陈列。 ※店铺首先按照方案执行，负责人进行检查。
③作为关联，还要陈列65号nepia牌湿纸巾。	③在前面位置陈列了湿纸巾。	〇	③无			〇	③竞争店没有陈列湿纸巾。

调查内容包括"作"(总部提出的方案,请参考前言)是好是坏,店铺是否贯彻执行了"作""演"。除贯彻执行外,是否还根据当地特色或本店的实际情况下功夫采取了措施,与竞争对手相比卖场建设是否具有魅力,等等。左半部分的"活动发起缘由、销售方式和宣传展示方式等需贯彻的内容"栏内是总部提出的方案。

检查自身店铺完成了哪些和未完成哪些,在自我评价栏内分别画圈○和画叉×。此外,还要对竞争店进行事实调查,与自身店铺进行对比。自身店铺占优的项目画圈,比对方差之处画叉,双方持平之处用三角△表示。

有了这个检查清单,就能知道总部("作")和店铺("演")要做的具体内容。这个检查清单原本不是用于店铺对比,但由于能够一览自身店铺与竞争店铺的事实,其使用频率有所增加。

★ 店铺对比的成功案例(案例研究)

下面的资料11"有目的地进行店铺对比的重要性"是笔者在为某店铺提供经营咨询服务的现场,用短时间总结的。

资料11 有目的地进行店铺对比的重要性（案例研究）

「17点30分~18点30分从△△店的店铺对比中发现的问题和应改善之处」
・目的："提高18点之后的销售额" 10月14日（周五）

1. 顾客是谁
   1）从儿童到30、40、50、60、70多岁的人群，几乎覆盖全部年龄段
   2）穿西装打领带的男性
   3）穿着时尚的60多岁女性

2. △△店与○○店（竞争店）哪个受欢迎
   1）顾客数量比较（18点前后）
   ①△△店 50人（8台收银机中有4台开动）
   ②○○店 60人（10台收银机中有5台开动）

3. 缺货和即将售完的商品有哪些
   1）果蔬　　沙拉（切好的生菜等）蔬菜套装
   2）鲜鱼　　海鳗刺身（398日元）什锦海鲜
   3）肉类　　涮锅套装、简易烹饪套装
   4）熟食　　炸牛肉饼
                毛豆、烤鱼（秋刀鱼）
   5）酒水　　375毫升装葡萄酒
   6）点心　　100日元零食
   7）日用品　男士化妆品（生发水）打火机
   8）食品　　营养辅助品

4. 基本商品（占90%）和特色商品（占10%）有哪些
   1）果蔬　　咖喱蔬菜套装（土豆、洋葱各1个）
   2）鲜鱼　　半条鳗鱼、下酒菜刺身
   3）肉类　　马肉刺身
                烤牛肉（生吃）种类齐全
   4）熟食　　生寿司（只有贝肉便当、金枪鱼）
                开胃菜小拼盘（680日元左右）
                577日元便当（赠送1个小菜）
   5）大米　　免洗米1公斤
   6）西洋风日配商品芝士
        （可一次食用完的包装）
   7）食品　　精选果酱等

5. 应该改善之处
   1）明确主力商品的中心商品
        钢琴键盘型的陈列方式让人搞不清楚想卖什么
   2）继续强调下限价格商品（自有品牌、散装、少量包装等）
        重视便宜感
   3）要醒目地展示好商品
        例如　咖喱680日元
              佃煮①摊位的Kanzuri②调味酱
              580日元等
   4）要有时间MD的意识
        ①18点之前　传统顾客+高收入顾客
        ②18点之后　传统顾客+上班族顾客
   5）以○○店为竞争对手
        ①即便竞争店有多个，也要按照定义只对标一家店
        ②导入在○○店畅销的商品
           （特别是稍好的商品）

---

① 佃煮：日本传统烹饪方法，用酱油和砂糖煮成的小鱼、蛤蜊等佐餐食品。

② Kanzuri：日语为かんずり，是新潟县妙高市的食品公司，以生产同名瓶装调味酱而知名。

笔者注意到该店 17 点 30 分~18 点 30 分的销售额比公司旗下其他店铺低的这一事实，在进行了简单的顾客数量、顾客群体调查和棚格陈列面调查后，提出了应该改善之处和方向性建议。

该店立即落实了建议，其结果就是销售额超过了公司的其他店铺。

8 日常应采取的店铺对比应对措施

店铺对比既不是什么特别的事,也不是麻烦事。不管有没有时间,店铺对比都是工作,在笔者看来还是一种很享受的义务。从某方面来说,店铺对比是唯一能每天进行的实践性学习法。

(1) 平常的应对措施

①商品和服务方面

(a) 用主力商品(服务)取胜

(b) 用重点商品(服务)取胜

(c) 用主要商力及重点商品的中心商品(服务)取胜

(d) 用销售方式、展示方式、宣传方式取胜

②在理念(方向性)方面

(e) 用有特色的形象取胜

(f) 用差异化商品取胜

(g) 用膳食解决方案取胜＊(超市)

＊膳食解决方案：Meal Solutions,缩写为 MS,意思是为

顾客解决难以安排膳食的烦恼。笔者把这个英文词翻译为"建设能让顾客在眼前浮现出今晚菜肴的卖场"。

(2) 如何应对当下趋势

用便宜价格和便宜感取胜，这是永远的课题。

(3) 如何应对竞争对手

用核心品类*取胜（包括摊位、商品、服务，等等）

（a）店铺制定对策

（b）部门制定对策

（c）每名员工制定一条对策

*核心品类的定义是"店铺之间开展竞争时，成为武器的具有吸客能力的卖场和商品"。引自商业界《商业用语事典》。笔者把核心类别解释为"要购买这个商品（服务）时，就想到那家店去"。

笔者在这一章中按照自己的理解，就如何实践萨姆·沃尔顿的"走动式管理法"进行了总结。

第 3 章

52周商品营销规划

最新"52周商品营销规划（52周 MD）"的战略与战术

执行经营战略的行动计划

目前"52 周 MD"的定义是"以每周的重点商品为核心，有组织地打造使商品企划、销售企划和促销企划协调联动的机制"。之所以说"当下、目前"，是因为笔者希望 52 周 MD 是现在进行时，是未来进行时。

和其他任何事物一样，不管是理论还是技术，从诞生那一刻起就绝不可能一成不变。在笔者看来，理论是"当时的数据和事实，只适用于形成体系的当时那个时期"。话虽如此，但不能否定所有的理论。任何理论在当时都有其意义。52 周 MD 的思路和技术也在一点一点地演变。本章将对构成铃木哲男"工程再造战略"之主干的战术进行梳理总结。

1 什么是52周 MD

如果被问起什么是 52 周 MD，笔者会回答以下三条。

①各部门联手的执行机制。
②无限贴近顾客生命周期（生活感受）的机制建设。
③把企业方针（店铺理念）贯彻到一线的一条龙战略。

第 1 条指的就是"作、演、调"（参考前言）打配合的重要性。

"作"指的是商品部（包括商品营销计划书），"演"指的是店铺运营部（包括销售计划书），"调"指的是市场营销部和卖场支援部（包括 SV，也就是督导）等负责调查和协调的部门。当店铺数量增加，组织变大后，各部门的联动随即变为不可能。这对靠规模效应来追求利益的连锁店而言是发展之路上必须排除掉的重大阻碍。

第 2 条指出了满足顾客日常需求的重要性。

有实体店的零售企业不接近顾客就无法生存。也许有人会说这是废话，但是在一天之中的不同时段（以每小时）、在工作日与周末、在发薪日前和发薪日后（每周）、在节假日等特殊日子和在平淡无奇的日子（每月），贴近顾客的理念都得到落实了吗？卖家是否为了自身方便而只满足于事务性地、义务性地接近顾客？卖家图自身方便，这是连锁店因其组织性质而容易坠入的陷阱。

第3条强调的是各部门全体人员必须共同理解遵循企业方针（店铺理念），并付诸行动的重要性。

为落实企业方针（店铺理念）而制定商品计划，为按照企业方针进行销售制定销售计划，为把企业方针向顾客广而告之而制定促销计划。计划只有在卖场（一线）得到了落实，企业方针才能真正传达给顾客。因此，可以把52周MD看作提高顾客店铺忠诚度的行动计划之一。让顾客在购买某个商品或服务时立即想到要去那家店，这应成为连锁店和零售企业的目标。

为了实现这个目标，企业要明确自身做的是什么生意，提出发展方向。这些都不能是抽象的。

资料1是综合商超（General Super Market，GSM）的定位示例。当然，根据纵轴和横轴上的内容不同，整个图形会发生变化。用这个图去对照日本现在的综合商超，西友[①]是多样

[①] 西友（SEIYU）是总部位于东京的大型综合连锁超市，在日本全国有300多家店铺，2005年成为沃尔玛的子公司。2021年3月，沃尔玛把所持西友股份的过半数出售，但持股比例仍超过15%。

型,永旺 Style 是专业型,伊藤洋华堂是价值型,很容易看出彼此的区别。全体员工明白企业自身定位是极为重要的。

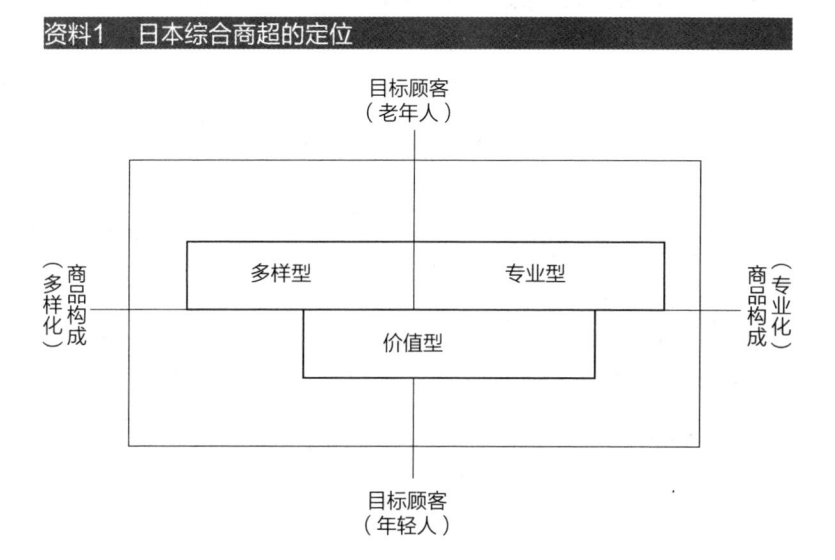

资料1　日本综合商超的定位

```
                    目标顾客
                   (老年人)
                      │
        ┌─────────────┼─────────────┐
        │   多样型    │    专业型   │
(商品构成)├─────────────┼─────────────┤(商品构成)
(多样化)  │        价值型           │ (专业化)
        └─────────────┼─────────────┘
                      │
                    目标顾客
                   (年轻人)
```

　　如果总部的"作"不好,店铺就难以"演"好,这是连锁店的宿命。总部有没有以标准化的名义把不好的"作"强加给店铺呢?店铺有没有以地区特殊性和自身状况为借口而不充分执行落实总部的"作"呢?正因如此,笔者认为日本没有能够培养出优秀的连锁店。

2 目前与52周MD有关的问题点

一些人，特别是相当多的企业干部似乎把52周MD看成是"大量销售重点商品的技术""每周改变卖场的技术""在卖场展现季节或活动的主题的技术"。

走低价路线的企业或店铺还可能把52周MD视为"增加额外工作的技术"。曾有某企业的员工问笔者："我们企业为了实现每天低价格（Every Day Low Price，EDLP）而争取每天低成本（Every Day Low Cost，EDLC）。这与52周MD难道不矛盾吗？"这家企业在黄金周期间的5月5日男孩节和5月第二个周日的母亲节都举办了主题促销活动，一周内进行了两次主题促销。

关于52周MD，有着以下的误解和错误做法。

①把52周MD误认为是销售技巧或宣传促销方法之一。

在某流通行业专业杂志的采购员问卷调查中，有关想要采取的店内宣传促销措施，排在第一位的回答是"单品的大量陈列"，第二位是"通过 52 周 MD 来改变卖场"。正因为存在误解，才会有这样的回答。

②即便开展 52 周商品营销企划也仅限于一部分人参与。

在读了笔者的书而产生兴趣的人中，有一部分大概会在总部或商品部内行动起来。与此相呼应的是店铺在部分卖场采取行动，市场营销部则协助制作 POP 广告。

即便在领导的命令下 52 周 MD 的实施得以出台，有时也会止步于筹备阶段或在试点店铺开展。由于没有整个公司和全体人员的参与，52 周 MD 始终停留在文字游戏和追逐流行的程度。

②因未形成机制而不可持续

单以"重点（销售）商品"这个词为例，员工们也要在经过一段时间之后才能习以为常地使用。现在仍有门店的临时工根本不看总部下达的商品营销企划"作"，而且还在询问"什么是重点商品"。因为门店没有对员工是否执行了"作"、执行得是否顺利进行检查，好的事例才得不到传播。

3 带来诸多误解的52周 MD 这个名词

52 周 MD 带来诸多误解，其中被误解最多的就是"52周"。只强调52周，其结果就是导致了从业人员对整个概念的抵触情绪。业内人士会问："难道每周都要改变卖场吗？"

系统化的52周 MD 的契机出现在大约20年前。当时"月度营销"正处于全盛期，但有观点认为在今后的成熟经济时代，即商品过剩、买方占优的时代，零售行业需要更细致的应对措施，于是便提出了"周度营销"的概念。

换句话说，52周营销就是"无限迎合顾客的生活周期"。我们一般从周一到周五工作或上学，周六、周日和节假日休息，一年52个星期如此循环往复。52周由此而得名。然而，52周的意思被错误地理解为"每周改变卖场""每周加油销售重点商品或举办重点主题活动"，结果就成了"工作量增加，太难了"。

然而，正确的理解是"本周、今天、现在顾客想要的是什么，对我们来说什么是商机，我们有必要做什么"。有了这样的理解,就可以笃定地说:"这一周在发薪日之前,商品卖不出去,不用勉强,也不用太卖力。"这就是所谓的迎合顾客的生活周期。

笔者的理想是什么都不做就能提高销售额和利润额。因此,笔者的想法不是去改变卖场,而是老老实实地根据顾客需求作出改变或不作改变。说是52周,实际上可以视情况开展26周(每两周一次)或104周(区分一周中的工作日和周末),甚至一年365天每天都可以有变化。

资料2是家庭日用品和健康美容产品部门的11月第一周的"52周"各重点主题的端架和平台的陈列计划。

营销活动的时间长短不一。涮锅商品的平台陈列营销时间是连续五个星期,葡萄酒的营销时间是连续三个星期。另外,新化妆品、护发品和秋季新产品的营销期是一到两周。护唇膏的营销从8月21日到次年2月28日,长达6个月。这些都叫作52周MD。

资料3是把一周分为工作日和周末两部分的"104周"的畜产品货架陈列范例。在资料3的工作日卖场陈列表中,最下方第一层货架陈列的多是进口猪牛肉,企划的主题是便当用材。在周末,高价日本国产牛肉、大盒装猪肉以及顾客自选烧烤肉被醒目陈列。根据顾客生活模式的变化,对卖场进行改变。这也是为了减少降价损失和机会损失。

资料2　各重点主题的端架和平台陈列计划示例

11月第一周　　　　　　　　　　　　　　　　　　（家庭日用品和健康美容产品部门）

重点主题	开展场所	活动开始日期	活动结束日期	卖场的注意点
酒具和蒸碗季节企划	端架	11/6	12/31	端架陈列和两层陈列
秋季泡菜节企划	端架	11/6	11/23	准备冬季泡菜菜谱并设置展板
微波炉方便食品企划	端架	11/6	11/30	促销可用微波炉简单加工的商品
葡萄酒节	端架	11/6	11/30	借圣诞节来临之机促销走红的葡萄酒
儿童铝饭盒企划	端架	11/6	12/30	从那些需要给幼儿园便当加热的地方发掘商机
足部保健品企划	端架	11/6	12/30	以流行的消解足部疲劳为契机
新化妆品护发品企划	端架	11/6	11/14	不要忘记设置新的POP广告
锅的展台企划	平台	10/23	11/30	随着天气转冷还应加入应季涮锅商品
咖啡红茶企划	端架	10/9	11/30	在小型店与香草企划相结合
毛绒拖鞋特惠月	平台	10/30	11/30	在平台的侧面陈列，根据气温高低扩大陈列面
洗涤剂和厨房洗洁精促销	平台	10/30	11/13	把洗涤剂与厨房洗洁精分开陈列，在平台上作出陈列面
秋季新产品端架陈列第二波	端架	10/30	11/13	在端架陈列秋季新上市的芳香剂
护唇膏	端架	8/21	2/28	扩大畅销商品的排面

第3章 | 52周商品营销规划

资料3　104周营销的卖场陈列示例（畜产品部门）

工作日卖场陈列

牛肉 21F			烧烤专区	少量包装专区		猪肉 12F		肉馅 6F	鸡肉 10F		便当用材 4F
美国牛舌	美国牛横膈膜肉	美国牛肋骨肉	肉脏	日本产薄片肉	日本产小块肉	猪肩肉薄片	咖喱用肉块	猪牛混合肉馅	鸡胸脯	炭烤鸡肉
美国牛肝			美国牛雪花肋骨肉(中) 6F	烧烤套装 980日元 6F	日本产牛各部位薄片	每日特选美国猪里脊肉98日元	美国牛肉片里脊肉(中) 6F	猪肉馅(中) 6F	去掉筋膜的鸡肉 5F	炸鸡腿(中) 5F
			日本产牛散子牛排 6F			美国猪里脊肉生姜烧用 6F		美国猪里脊肉块盒装肉块 6F		

*F=Face，即排面

工作日卖场陈列

	烧烤专区	少量包装专区			猪肉 12F		肉馅 6F	鸡肉 10F		肉制熟食 5F
周末卖场陈列牛肉 21F 烤肉自选用货架第2、3、4层陈列!!	美国猪排骨	美国牛脊肉薄片	日本产薄片肉	日本产小块肉	里脊肉薄片	猪排	日本产猪混合肉馅	鸡胸脯	炭烤鸡肉串	烤鸡
美国雪花牛排 6F	美国雪花牛肉肋骨 6F	大包装日本产牛肉片(大) 6F	猪肉片(大) 6F	小块肉	猪肉薄片(大) 6F	日本产猪排 6F	猪肉馅(大) 6F	炸鸡腿(大) 5F	炭烤鸡肉串1根58日元 5F	炭烤鸡肉 4F

077

资料4是一年365天每日MD的年底食品杂货营销企划范例。因为年底的销量大，所以基本以日为单位来做计划。12月25日圣诞节和准备迎接新年的12月26日的卖场会有变化，学校放假前后、年底收工前后、12月31日和1月1日的卖场也会有变化。不改变卖场会使机会损失和降价损失加大。

这些全部都算是52MD。

那么，52MD的MD是什么意思呢？MD的定义简单地说就是"商品化计划"。商品化计划的意思就是"从选择原料到消费结束，在亲自设计并控制的整个商品流程中，为了向顾客提供商品所必需的全部活动"。笔者自己的分析解读是这样的：①商品政策→②采购计划（包括商品开发）→③商品本身→④商品的特征（包括价格）→⑤商品的销售、展示和宣传的方式。

在经济增长时代，也就是商品不足、卖方占优的时代，只要具备了①到④，即质量有保证（安全、放心）、价格实惠、能够切实带来毛利润的商品就是好商品。但是到了成熟经济时代，即商品过剩、销售困难的时代，⑤商品的销售、展示和宣传的方式（促销及VMD，也就是视觉营销）就变得更重要了。随着顾客需求和消费环境的变化，MD的含义当然也会有变化。

资料4　一年365天每日MD（有关攻守的信息指示的示例）

（食品杂货部门）

	应注意机会损失的商品	应注意降价损失的商品
12/20周一 12/21周二 12/22周三 12/23周四 12/24周五 12/25周六 12/26周日	【瓶装饮料全部每瓶198日元】 家庭聚会需求推动销量大幅增加，特别要注意防止冷饮专区出现断货。 碳酸饮料销量指数 （以12/19为100） | 20 | 21 | 22 | 23 | 24 | 25 | 26 | |130|100|120|300|380|120| 80| 【葡萄酒】 葡萄汽酒集中在23日、24日卖出去。 销量指数（以12/19为100） | 20 | 21 | 22 | 23 | 24 | 25 | 26 | |120| 70| 70|290|350|105| 80|	【圣诞节商品】 严禁过度追加订货！！ 努力把商品售完，需要下功夫减少减价损失，确保毛利润。 【圣诞袜子】 目标售罄日23日 【香槟饮料】 从年末到年初都能卖出去。 严禁极端的降价。 【蛋糕材料】 海绵蛋糕、圣诞节套装和蛋白酥皮类的目标占比20%，到23日售完。
12/27周一 12/28周二 12/29周三	【珍馐、鱿鱼干】 在主通道的大型端架陈列。鱿鱼干环柱陈列会有效果。 销量指数（以12/25为100） |27周一|28周二|29周三|30周四|31周五| | 150 | 210 | 250 | 390 | 370 |	【镜饼①】 大号镜饼28日售完，普通镜饼30日售完。 销量指数（以12/25为100） |26周日|27周一|28周二|29周三|30周四|31周五| | 200 | 200 | 310 | 320 | 300 | 80 |
12/30周四 12/31周五	【日本酒】 从年末到年初经常会发生因卖场应对机制跟不上而多次断货，进而造成机会损失的情况。 销量指数 |27周一|28周二|29周三|30周四|31周五| | 100 | 90 | 130 | 240 | 340 |	【年糕块】 1千克装到30日售完。 把600克装的扩大排面，年初也能卖出去。

---

① 镜饼是供奉给神灵的扁圆形年糕，日本的家庭在过新年时装饰在家中，祈求新的一年平安如意。

我们应该这么想：厂家不会生产卖不出去的商品，产地不会运出卖不出去的商品，供应商不会推荐卖不出去的商品，采购员不会签约购买卖不出去的商品，店铺不会订购或制作卖不出去的商品。一切商品，不管销售情况如何都是能卖出去的商品。如果商品卖不出去，那就应该承认是销售、展示和宣传的方式存在不足。

　　综上所述，商品与促销必须配套。

4　52周MD的目标何在?

52周MD要达到的目的有三个：一是强化营销能力，二是提高店铺活力，三是改革组织文化。

(1) 强化营销能力

东西卖不掉当然就挣不来钱。无论哪个时代，销售额都是衡量顾客是否信任店铺的指标。

强化营销能力的含义有以下3点。

①在行情好的时候把能卖出去的商品更多地卖出去（创造重点商品的销售离群值）。

②在行情不好时，用小的库存量建设以主力商品为中心的卖场（扩大或缩小）。

③用大量销售单品来降低采购价格（进攻型结构重组）。

①总结的高效销售方法就是，把当下能卖出去的商品在能卖出去的时候、在能卖出去的位置（包括常规黄金陈列线）卖出去。当下能卖出去的商品是什么，能卖出去的时候是何时，能卖出去的位置在店内何处，需要下什么功夫才能让商品

卖出去？不仅要凭直觉和经验，还要借助科学的分析手法来解决这些问题，把答案编入52周商品营销企划。

所谓重点商品，笔者的定义是"众多商品中那些应在本周（或今天、此时此刻）特别重点销售的商品"。

②的意思是扩大畅销商品的陈列，缩小滞销商品的陈列。通过单品管理来进行高效的货架陈列和空间管理。以此来实现销售额和毛利润的最大化。

所谓主力商品，笔者的定义是"一年里始终畅销的商品的前五名"。

③的意思是为了削减采购成本而与供应商建立双赢的互信关系。唯一的方法是创造出单品大量销售的成绩。销售成本率（采购成本与销售额的比率）下降1个百分点，其效果等于固定成本之一的人力成本的比率下降1个百分点。这就叫作进攻型结构重组。其反义词是防守型结构重组，是低成本运营。

（2）提高店铺活力

什么是提高店铺活力？笔者的定义是："一年365天，努力应对顾客需求的变化，使店铺始终保持与新店同样的状态。"但在实际工作中，提高店铺活力可能会被理解成以改变设备、布局或店内设备等为优先的"提高硬件活力"。每三到五年获得预算后，匆匆忙忙着手制定计划的做法是难以提高活力的。

正确的做法是优先提高店铺（卖场）理念，商品构成、销售、展示及宣传方式等"软件"方面的活力。具体应该怎么做呢？因为硬件是软件发挥作用后的结果，所以需要不断地对数据和事实进行分析和积累。检查每周重点商品的卖场，从棚格、陈列排面、货架数量等方面找出可以改善之处。例如，若是扩大排面（卖场面积），被定为重点商品的牛肉片的销量可能会更多；或者即便把排面稍微缩小，重点商品的销量可能也不会减少。软件活力的提高促成了硬件活力的提高，这将增加店铺活力提高的概率（详细内容请参考第四章第6节）。52周MD并非只是销售重点商品。

(3) 改革组织文化

改革组织文化，说起来简单，真正做起来后却出人意料地耗费时间。尽管如此，改革组织文化其实并不是什么惊天动地的事。

①决定了的事能否遵照执行。
②能否把日常工作做得彻底、到位。
③能否用同样的语言、同样的标准沟通。

关于①，现实情况是即便作出很多决定，许多企业或门店也不会遵照执行。形成了做了得不到表扬，不做也不会被批评的组织文化。越是大的组织，这个倾向就越强烈。

②说的是会按照命令指示的那样去做,但不会进一步下功夫。大部分人只是在工作,而没有真正在销售。只有一部分人能够在卖场上下功夫,创造出超越总部商品营销计划("作")的优秀范例。

③指的是不用共通语言说话和不习惯说话的弊端。连锁店使用的术语原本就有很多外来语,翻译过来也很难懂。"重点商品"就是这样的术语之一,很长时间以来没有人给出过清晰的定义。

无论哪家零售企业,技术、要做的具体事情几乎都是一样的,但为什么会有不同的结果?技术的优劣取决于思维方式,而思维方式则是在企业文化环境中形成的。组织文化的重要性>思维模式>技术。现实则是组织文化的重要性被过于忽视了。

52周MD的技术完全不难,但为什么结果不同?例如,任何人都知道重点商品,一要在明显的位置陈列,二要醒目地陈列,三要通过增加商品的丰富感来给顾客提案;但结果成功与否,取决于是否有能让每个人都理所当然地接受这种思路的组织文化。

5 把52周 MD 系统化需要注意什么

现在仍能听到以下两种声音。门店端质疑："不需要考虑当地特点和每家店的想法吗？"总部端则提出："在店铺标准化尚未完成的情况下，难道还要照顾到每家店的特殊性吗？"听上去是太拘泥于大道理的条条框框了。在 52 周 MD 的实践阶段，要时常意识到以下 3 点。

①从连锁效益发展为智慧效益、地缘效益。

②从个人技能发展为组织技能。

③无乐不店，无乐不业（不快乐则不成门店，不快乐的工作不是工作）。

①的意思是除了连锁模式的自身优势外，还要重视由连锁效益带来的智慧效益即智慧共享；重视地缘效益，即不把地区特点和每家店的巧智当作个别情况，而是加以横向推广。（智慧效益和地缘效益是笔者自创的词语）

换句话说，我们要有建立这样的连锁模式的意识，即每个门店都以总部下达的基本 MD 为基础、保证在竞争中立于不败之地，同时还要把自身打造成强大且有魅力的店铺。如果不进一步打磨基本 MD，细致地应对来店顾客的需求，就难以生存下去。

对数据进行分析后发现，日本全国连锁店的畅销商品有 95% 是相同的，不同的只占 5%。笔者以连锁店原则主义（不是原教旨主义）为基本，把这一现象称为"95∶5 的理论"，意思是基本 MD 占 95%，地区 MD 占 5%。尽管不能涵盖所有部门，但这一理论有相当大的适用性。这就是多样化中的集中化现象。

②的意思是无论总部还是店铺，无论何时何地，都要鼓励"下功夫"，因为"人是具有无限可能性的动物"。发掘个人、个别卖场、个别门店的成功案例（个人技能），促成横向推广和纵向推广（组织技能）；然后，把组织技能分享给众人，再次，奖励个人的巧智（个人技能），最后，把优秀案例转化为组织技能。要不断重复上述过程。绝不能把成功案例当作例外，譬如，把成功归于"周边没有什么竞争店""店长优秀"等特殊因素。

③就是字面上的意思。今后无实体店的零售企业将成为有实体店的零售企业的竞争对手。如果门店不能给顾客带来感动和喜悦，店铺将何去何从？

6 如何确定重点商品

前面已经说过,卖场里陈列的商品都是经过精挑细选的。虽然显得啰唆,但还是要重复一下这一认识。从这个层面讲,所有的商品都可谓重点商品的候选,卖什么都可以。但是,要确定哪些是能适时卖出去的商品和想要卖出去的商品,然后不断货地进行销售。当然,根据商品属性,有些商品卖完就不再补货。

确定重点商品时需要以下数据和信息。

①去年和前年的销售额数据。

②对过去两年业绩的反省和待解决的问题。

③行业及其他企业的动向、生产商的企划。

④生活事件、当地活动、天气和气温等。

⑤家庭消费支出等变化。

⑥餐桌出现率(TI值)、社交网络美食烹饪号、生活资讯杂志。

下一步重要的是根据采购员基于上述六方面信息而产生的意向、想法和挑战去确定重点商品。

因为近来采购员陷入苦恼，失去了自信，所以笔者要强调"重视基于数据与客观事实的直觉与经验"。数据不可能百分之百地收集齐全。如果能把数据百分之百地收集齐全，那就不需要采购员了，使用人工智能更直截了当。

在去年和前年的销售额数据中，还包括实需矩阵等不同商品的销售额，以及销售额排序等信息。

资料5是加工肉类商品的实际需求矩阵。以肉丸为例，可以看出在第27周（9月25日）至第31周（10月23日）期间销售良好，原因在于旅游休闲和学校运动会用餐需求。但是在北海道等地，学校运动会在5月或6月举行，9月和10月畅销的是伴随红叶观赏游开始流行的涮锅。

每年能卖出去的商品从品目上看基本是一样的，以往的业绩可以作为参考。"去年这个卖出去了，那个没卖出去"的说法对店铺具有说服力。但是单品（SKU）层面的销售情况有可能变化。

②提到的反省，包括对销售时机是早是晚、商品卖出去的和卖不出去的理由进行分析。分析不能只依靠数据，还要收集一线的声音和事实。

第3章 | 52周商品营销规划

资料5 年度52周不同商品类别销售额及销售额排序表（实需矩阵图）

商品分类	27周 9.25	28周 10.2	29周 10.9	30周 10.16	31周 10.23	32周 10.30	33周 11.6	34周 11.13	35周 11.20	36周 11.27	37周 12.4	38周 12.11	39周 12.18	40周 12.25
肉肠	43	26	21	1	27	4	34	29	2	35	50	47	46	5
火腿片	30	36	32	37	34	45	38	44	43	4	46	7	33	5
培根	19	2	33	22	30	39	31	37	38	36	43	50	49	48
培根	5	13	14	9	10	30	15	20	19	22	35	40	49	51
畜肉类蘸酱、酱汁	27	31	20	35	25	32	21	37	7	17	9	10	4	1
鱼肉火腿、鱼肉肠	5	24	23	27	30	37	32	44	31	42	48	49	50	51
火腿块	41	29	43	35	44	37	40	33	28	17	9	7	2	1
羊肉	21	22	32	16	2	34	25	19	30	23	9	35	14	1

■ 阴影部分为年度销售额排在1～10位的周

089

③说的是要把流行趋势、新商品信息、可能成为话题的社会动向，以及某些情况下的展示会信息等作为参考。

关于④和⑤，需要着重留意地区间的差异，例如运动会和修学旅行①的时间是在春季还是秋季等。

⑥中的餐桌出现率（TI 值）是主要用于食品的数据。现在越来越多的企业从以 Cookpad 为代表的美食烹饪网站和 *Mart*（光文社发行）等生活资讯杂志获取信息。

---

① 修学旅行是日本小学、中学和高等教育阶段所进行的活动之一，主要目的是文化教育和交流，采取老师带领学生集体外出旅行的形式。旅行目的地包括日本国内和国外。

7 如何使52周MD成为理所当然

52周商品 MD 能否扎根下来并取得成效，取决于能否满足以下 3 个前提条件。

①最高层干部明确企业的方向性。
②建立作、演、调之间的互信关系。
③把重点商品（主题）与传单广告联动。

关于第一个条件，正如前面提到过的那样，领导和干部要具体而不是抽象地明确自身企业或店铺是"做什么生意的"，并不断地向内部全体人员灌输。有些情况下还需要以讯息的形式向外部传达。如果方向不明确，"作""演"和"调"都将摇摆不定。

要建立第二条所说的互信关系，一是要制定兼职和临时工能够执行的总部商品营销计划（"作"）；二是要打造能百分之百落实计划（"演"）的体制；三是建立能对好的范例和漏洞进行调查和调整的机制。

首先，需要制定出好的"作"，其标准是要达到让昨天刚来上班的兼职或上周才聘用的临时工也能够理解、掌握和执行的水平。

目前各企业制作的"作"有三个特征。一是字体小，五六十岁的员工阅读起来困难；二是外来语和英文字母多，诸如Smart（智能、巧妙）、Item（单品）、PI值等；三是不分条目，让人不清楚布置的工作是什么。这些是常见的代表性问题。

此外，"大量""积极地""注意（不要断货）"等意思不明的抽象表述有很多。

以"大量"为例，至少要写上"用4个以上排面和两层货架陈列来突出量感"才能把意思表达清楚。否则将造成时间和工作的浪费。

资料6是"推行好的'作'的10项清单"，希望读者务必加以参考。例如第4项提出"方案能否激起门店员工的干劲"，是因为考虑到了总部在向店铺传达的信息中施加了很多压力。总部应该向门店提出能鼓舞人心的方案，比如"这么做绝对可以提高销售额"或"这么做会让工作开展得顺利"。

第2项的意思是门店端要读懂总部的"作"并落实到底。"作"做得再好，若不加以执行就不会有结果。店铺习惯性地爱找借口，如以"太忙""人手不足"等来搪塞总部下达的商

资料6　推行良好"作"的10项清单

1. 方案是否表达了采购员的想法
   →高峰期的方案要多于平时
2. 如果门店执行到位，方案能否保证门店提高销售额
   →方案不能停留于计算购买指数
3. 方案是否回应了本周（今天）进店顾客的期待
   →选择符合顾客生活感受的主题、卖场、商品
4. 方案能否激发店铺成员的干劲
   →运用竞赛和表彰制度
5. 方案是否基于以往成功案例并提出更高目标
   →要有比去年多做一个企划的意识
6. 方案能否使昨天刚来上班的兼职员工或上周才聘用的临时工看了就能理解、掌握和执行
   →方案不能停留于"积极地""大量"等抽象表述
7. 方案是否提出对超出预期的成功案例给予奖励
   →不要把自己的方案想成完美无缺
8. 方案能否引起店长等店铺管理者的兴趣
   →要附加具体的检查清单，使不了解商品的店长也能进行检查
9. 方案是否掌握了卖场的实际情况
   →确认各店铺的规模、布局、店内设备等事实
10. 方案能否获得门店的信任
    →没有负责人签字、时间或星期有误、数据或图标出错的方案文件不能发出

品计划。要改变习惯，把不能执行的理由转为"做对了""取得了成功"等能够执行的理由。

资料 7 是推行良好的"演"的 10 项清单。

资料7　推行良好的"演"的10项清单

1. 是否精读并理解了"作"（总部的商品营销计划）
   →对不懂的地方不能自行判断，需向采购员确认
2. 部门内的全体成员是否共享了"作"的内容
   →用简单易懂的共通语言沟通
3. 是否在一线就如何落实方案进行了探讨
   →除了展台、平台等非常规方式外，对常规陈列区域也要下功夫改进
4. 是否以顾客视角观察店铺和卖场
   →4～5米开外也能注意到营销中的商品
5. 全体成员是否掌握了重点商品（重点服务）的特征
   →实施重点商品的试饮、试吃、试用和试穿
6. 兼职和临时工的生活经验是否在卖场得到了运用
   →应对工作日与周末、发薪日前和发薪日后、平常的日子、特殊日子的不同生活需求
7. 是否每天检查门店（卖场）并积极加以改进
   →不把卖场当作存货场，而是使之成为购物场
8. 是否确认了销售数据
   →了解卖出去多少、何时出现断货，加以应对
9. 是否重视必备商品和主力商品
   →卖场的改变结束后应恢复基本棚格
10. 是否创造了超出总部预期的优良案例
    →在彻底落实总部提出的"作"的基础上发挥当地（单个店铺）的特色

以第10项所说的"是否创造了超出总部预期的优良案例"为例,指的是店铺不应仅限于按照总部方案去做,还要了解当地特色、顾客需求和竞争店情况,再加上个人的创意和巧智,建设优秀卖场。好的范例应该向总部和其他门店传达。

第3项再次涉及了"调"的重要性。组织规模越大,"调"的重要性就越高。负责"调"的职能的应该是总部和门店的干部、总部员工(包括促销部门)、督导。"作"的执行完成情况由门店经理进行第一次检查,店长负责第二次检查,总部的督导等进行第三次检查。如果可能的话,应把这一检查程序编入标准化工作流程。门店在各个检查阶段对问题进行修正,督导在进行最终总结之前、期间也要想办法帮助门店达成数值目标。如果没有督导制度,则由店长承担监督检查的职能。如果不这样做,横向推广和纵向推广将止步于文字游戏。

资料8是推行良好"调"的10项清单。

第7项"是否与开发部等部门的成员共享了信息"的意思是,在从营业系统反馈来的一线信息没有被充分传达的情况下,仅由开发部门来主导布局或视觉营销是不可能成功的。这是因为开发部通常对商品和销售的情况并不很感兴趣。

第三条强调的是传单广告上的商品应与重点商品保持一致。重点商品是必须刊登在传单广告上的,每日特选商品也是

资料8　推行良好"调"的10项清单

1. 是否对结果进行确认并召开反思会
   →不能结果好就万事大吉
2. 是否获取了中期验证数据、确认了工作进展情况
   →在方案执行途中发现问题及时改变卖场
3. 是否对自身店铺和竞争店进行了比较
   →收集信息并借鉴好的范例
4. 是否向商品部提出了建议
   →附加有助于制定方案（"作"）的分析
5. 是否向销售部提出了建议
   →不让成功范例沦为例外
6. 得知店铺（卖场）的工作漏洞后是否当场与员工进行了讨论
   →表扬做得好的地方，批评做得不到位的地方
7. 是否与开发部等部门的成员共享了信息
   →传达有助于店铺建设的线索
8. 是否正确、迅速地传达了良好范例信息
   →除了照片和数字等单纯的信息传达外，更重要的是传达成功的原因和理由
9. 是否确认门店之间、以及店内各部门之间的偏差
   →对完成度低的门店或卖场加以指导
10. 是否运用清单掌握了问题点
    →基于共同的标准进行评估

如此。之所以这么做是因为传单商品广告是对顾客的承诺，店铺必须践行，否则重点商品的优先度可能下降。以前曾有店长提出这样的问题："传单广告商品与重点商品应该以哪个优先?"这位店长没有明白为什么要致力于销售重点商品（主题）。其目的在于必须百分之百地达成销售预算。说得更明白点儿，是为了信守与利益攸关者即股东、顾客、员工之间的承诺。重点商品（主题）并不是一切，但却是达成目的的主要手段之一。

重点商品与传单广告商品一致，可以减轻采购员的工作量，把精力更加集中于原本的上游工作。对门店而言，推荐商品（包括服务商品）繁多也会增加工作量。商品聚焦可以使工作轻松一些，最终也便于顾客寻找商品。

传单广告的效果正在下降。年轻人不订阅报纸，夹报广告也传递不到他们手中。尽管如此，最近的调查结果显示，仍有大约一半的人利用传单广告购物。如果不发传单广告，那就更应该制作良好的商品营销方案（作），在所有店铺（卖场）贯彻落实。这也是标准化的措施之一。

52周MD的中长期和当下的目标是"不发传单广告也能吸引顾客，建设有魅力的店铺和卖场"。为了实现这个目标，就要渗透52周MD的思维方式、培养顾客的店铺忠诚度，坚持下去，最终，让52周MD习惯成自然。

第 **4** 章

提高现有店铺活力

能卖出商品增加盈利的就是好店！

纠正对提高店铺活力的误解

目前各家企业都在积极地对现有店铺进行翻新，可以说是第二次翻新热潮。小规模的装修不可计数。第一次店铺翻新热潮发生在泡沫经济末期的20世纪80年代下半叶。现在不算更换货架上货柜内的商品，店铺翻新成本从数千万日元到数亿日元不等，大规模的装修正在持续，今后的翻新计划也是数目众多。

出现第二次店铺翻新热潮的背景有三点：一是适合开设新店的优良的商业地产数量减少，二是邮购和电商等跨行业的无实体店销售竞争日益激烈，三是恩格尔系数[①]上升造成食品卖场也不得不改变。本章将揭示最能考验工程再造能力的提高现有店铺活力的妙诀。

---

① 恩格尔系数：Engel's Coefficient，由19世纪德国统计学家恩格尔提出，指居民家庭中食物支出占消费总支出的比重。恩格尔系数随家庭收入的增加而下降，即恩格尔系数越大就越贫困。

第 1 部 **现状篇**

目前的店铺翻新效果是
15 战 3 胜 10 负 2 平 ?!

读者可能对"恩格尔系数上升"是造成近期店铺翻新热潮的背景之一感到意外。日本总务省的"家庭经济情况调查"(2人以上家庭)结果显示,2015年和2016年的恩格尔系数分别比上年度上升1个百分点,为25%~26%。2014年4月消费税增税①后,受"被服和鞋袜""家具和家居用品"支出被遏制的影响,日本连锁店协会的调查数据显示2015年度服装和家居相关商品的销售额比上年度下降,食品类销售额则同比上升了2.5%。2016年和2017年仍然保持了食品类销售额高、非食品类销售额低的倾向。随着顾客的消费发生变化,对食品、服装和家居相关商品卖场进行某种程度翻新的机会相应增加。

另据流通经济研究所调查,去超市购物的频率高于上年的顾客占11.2%,低于上年的占7.2%,前者比后者多出4个百

---

① 消费税增税:日本的消费税税率于2014年4月从5%增至8%,2019年10月进一步增至10%。

分点。特别是在食品领域，超市、便利店和餐饮业正在争夺增加的消费额。在超市行业，完善餐饮区等为发掘外出就餐需求而进行店铺翻新的机会增多了。

但是，目前对店铺翻新成效进行评估的结果，用大相扑比赛来比喻大概就是15战3胜10负2平①。由于正式的数据和评估标准没有被公开，这一评估结果只不过是个人感觉。笔者对店铺翻新后取得成功的评估标准是"销售额达到投资额的3倍以上"，但近来店铺翻新后似乎要经过很长时间，业务才能步入正轨。

相比于新店，笔者更加关注翻新后的现有店铺。新店多少都带有一些实验性色彩，而现有店铺的翻新则是聚焦于能确实取得效果的内容。比起新店的花哨，现有店铺的翻新是朴素的，但能为实际业务提供参考。如果只对业务恢复正常的翻新后一个月的顾客数量和收银机开动数量进行统计，业务比翻新前改善了的店铺似乎不多。某综合超市的干部曾自嘲地说翻新结果是"1胜99负"。在与店铺开发和翻新施工承包商交流信息时，多家企业的负责人告诉笔者："翻新效果并不好，总是被最高层干部怒斥。"

---

① 日本的大相扑比赛共15局。15战3胜10负2平，意味着店铺翻新后带来积极效果的比率为3÷15×100%＝20%，消极效果比率为10÷15×100%＝66.7%，持平比率为13.3%。

第一次店铺翻新热潮时，投资回报为负的例子也有很多，但与当下竞争激化、人口减少等经济环境变化，以及电商与实体店的冲突等消费环境的变化相比，那是小巫见大巫了。要使店铺翻新取得成功，选择与集中、慎重与积极、扩大与缩小的重要性日趋突出。

1 今昔店铺翻新的特征与相似性

有关近来店铺翻新的主流,用媒体偏爱的表述来说,超市连锁店要打造成"生活提案型店铺",经营服装和家居用品的连锁店则要向"专业化"倾斜。沃尔玛的超级购物中心据说就是诞生于提高陷于低迷状态的折扣店和老旧店铺活力的策略。

古今中外,时代不同,但带来"改变"的契机总是顾客需求的变化、竞争对手企业或店铺的崛起,以及自身企业或店铺的相对力量。这正可以说是 3C 分析(Customer 顾客、Competitor 竞争者、Company 公司)。日本第一次店铺翻新热潮的特征一是高端化,二是折扣化,三是娱乐化。当时泡沫经济破裂,企业和店铺必须重新审视发展方向和自身定位。"历史会重演"这一说法是对的,完全适用于现在。

当时追求高端化的店铺翻新,采取了导入名牌商品、强化待客服务等措施。折扣化翻新就是以低成本店铺和低成本运营为手段,把低价格当作差异化的唯一武器。为了改变现有店铺的低迷状态、提升店铺活力，曾有许多企业选择了折扣化这个办法。娱乐化翻新是从日常性转为非日常性，从基本转为时尚，从销售商品转为销售非商品，在店铺内开设运动健身房、电影院、文化班等做法曾经盛极一时。

现如今，店铺翻新的高端化变成了专卖化（在超市业态，就是将超市打造成生活提案型超市）。折扣化换了新名词，变为低价格导向型。娱乐化改为"从购物式消费转向体验式消费"。在超市行业，出现了从完善餐饮区到开设迷你餐厅，再进化为便利厨房（Grocerant）①的倾向。

走低价格路线不单是追求价格的低廉，而是倾向于像MEGA唐吉诃德②那样通过增加生鲜食品让选品丰富、突出购物乐趣来吸引顾客。换句话说，就是经营方式正在从Trade Off（取此舍彼）型向Trade On（彼此兼顾）型转变。能够迅速上手的当然仅限于在资金和人才方面有余力的成长中的企业，但任何企业或多或少都可以有意识地进行此类店铺翻新。

以食品为核心的店铺翻新今后将增多。具有代表性的例子

---

① Grocerant是英文中食材"grocery"与餐厅"restaurant"的合成词，译为超市餐厅或便利厨房。超市餐厅是超市和餐饮一体化的新店铺形态，其特色是顾客可把选购的食材交给店员烹饪，现做现吃。

② 唐吉诃德是日本的连锁折扣超市，以备货庞杂，价格低廉而知名，MEGA唐吉诃德是其店铺品牌之一。

是永旺旗下的永旺 Style 店①。永旺零售公司的董事长冈崎双一曾表示:"因为重视了必要的单元(专业选品卖场),所以把服装和家居相关卖场挤了出去。"

这句话暗示了综合超市的发展方向,同时也可以将其理解为一种危机感的表露,即:如果不明确自身定位,不知道自身公司或店铺是做什么生意的,将无法生存。不仅是超市,主营服装或家居用品的企业也会如之前所说的那样,需要把店铺形象目标设定为"生活提案型"或"专业化"。这两种发展方向在媒体的报道中很突出,但现实情况是这两种类型的企业和店铺并不多。占压倒性多数的"提供便利型"企业和店铺,今后将越来越多地实施汲取了生活提案型和专业化理念之精髓的翻新或小规模翻新。

如果把店铺翻新按照循序渐进的不同阶段的特点、成本由低到高的顺序进行整理,可以把店铺翻新分为以下类型。

(a)面对面待客型翻新,满足手工制作的需求。

(b)强化熟食型翻新,满足不想做饭的顾客的需求。

(c)强化非商品销售及服务型翻新,应对顾客从购物式

---

① 永旺 Style 是永旺集团旗下的新型综合超市,以家庭顾客为主要目标,有的店铺不经营服装和家居产品。

消费转向体验式消费的需求。

(d) 导入新店成功模式型翻新，复制推广企业商业模式。

(e) 拆后新建型翻新，满足企业转型需求。

下面逐条加以解释。

(a) 面对面待客型翻新就是重视向顾客提供菜单推荐，设置柜台等面对面地向顾客说明相关商品和烹饪方法。这里可以考虑与 Cookpad 等美食菜谱网站携手。超市行业内对在人力不足问题尚未解决的情况下，设置厨房柜台是否可取存在争议，但 Summit[①] 运营的试吃专区取得了成功。

(b) 大概从 2017 年前后开始，众多企业和店铺实施了强化熟食型翻新。这类翻新的效果比较成功。顾客"不做饭"的趋势方兴未艾。预计今后也将增加简单方便的商品，扩大熟食的卖场面积。以熟食为核心进行超市翻新，将导致其他部门被压缩。

(c) 强化服务型翻新的代表性做法是开设或扩大餐饮区。类似的做法在服装卖场有过成功案例。某郊外型百货店把面积过大、效率不佳的儿童服装卖场缩小，开设了儿童游乐场，类

[①] Summit：日本的连锁超市，住友商事的全资子公司，总部位于东京，在东京都、埼玉县、千叶县和神奈川县开设店铺。

似于 BørneLund① 的 "Kid-O-Kid"。与业务部门的担忧相反，开设游乐场后儿童服装的销售额出现了上升。带孩子前来的父母和爷爷奶奶在陪玩的同时顺便购买了商品。在埼玉县的 LaLaport② 富士见购物中心内，有运用最新影像技术和 IT 技术打造的儿童体验设施 "teamLab 岛③"。在日本，这类设施的先驱当然要数 "KidZania 东京④"。

（d）导入新店成功模式型翻新是一直都有的做法，没有什么特别新奇的。这类翻新是从投资效果的角度出发，把在新店尝试并取得成功的经验部分移植到现有店铺，或是把经验进行提炼后加以运用。新店所受的制约较少，容易在实验的名义下尝试新奇的做法，最高层干部对此会采取宽容态度，这类翻新的实施规模和成本往往也显得雄心勃勃。

但是，现有店铺借鉴新店的成功经验时，受到设备、布

---

① BørneLund：日本的玩具公司，成立于 1981 年，主要经营益智玩具和育儿用品。在丹麦语中，Børne 的意思是儿童，Lund 是森林。

② LaLaport：三井商业管理公司经营的大型综合购物中心。2021 年 4 月，首家海外店铺 "LaLaport 上海金桥" 在上海市浦东新区金桥路开业。

③ teamLab：日本的数字内容制作公司，总部位于东京。公司员工包括程序员、工程师、数学家、建筑师、画家、图像设计师等多方面人才，擅长制作富有艺术性的内容产品。

④ KidZania：1999 年诞生于墨西哥的儿童职业体验型游乐园。"KidZania 东京" 位于东京都江东区的 "LaLaport 丰洲" 内，2006 年 10 月开业。

局、卖场面积等条件的制约，有时心有余而力不足。此外，现有店铺是企业的支柱，绝对不能让销售额下降。也就是说，导入新店成功模式型翻新必须聚焦于必定成功（预期）的内容。因此，翻新后的店铺形象虽然不如新店那般好看，但能切实保证销售额。

最近 Summit 的现有店铺翻新，就积极采用了这种方法。翻新后的店铺在果蔬卖场导入了"新鲜沙拉和鲜切水果专区"，在肉类卖场导入了"烧烤厨房"。

（e）拆后新建型翻新以前面所说的永旺 Style 为代表。此类相当彻底的翻新面临能否被顾客接受，投资回报率是否合理等问题，最终能否成功还是未知数。另外，由于"标志性店铺"的定位给组织内部那些墨守成规、无法摆脱传统思维模式的人造成强烈冲击，有可能使企业在店铺翻新的问题上表现得过于冲动。企业可以阶段性地加以探讨，或者沿用拆后重建的做法，或者选择导入新店成功模式型翻新。

资料 1 是不同规模超市各部门的适当规模（卖场面积）总结表。由于在打磨店铺翻新计划时总是倾向于优先考虑设计和硬件，所以时刻意识到"适当规模"很重要。

资料1　超市连锁店的适当规模示例（2015年度版）

部门卖场面积＼店铺面积	300坪	450坪	600坪
果蔬（包括花卉）	50	70	90
鲜鱼（包括鱼肉加工食品）	30	40	50
肉类（包括加工肉类）	25	35	40
熟食（包括店内面包房）	25	35	40
日配食品（包括冷餐食品、鸡蛋）	50	60	80
加工食品（包括大米、酒水）	100	170	250
日用杂货（包括服装杂货）	20	40	50

日本零售中心（JRC）[①]把适当规模定义为"能带来最大效果的设施面积"。笔者的定义是"容易赚钱的规模"。

对"适当规模"不能一成不变地遵守，而应在其基础上考虑到应对竞争对手、待客服务的因素而酌情增加，或是出于店铺所在地理位置的特殊性、与入驻商户的利益冲突而酌情减少，决定卖场面积。就熟食而言，包括熟食化产品在内，卖场面积将超过目前的适当规模而急速扩大。

[①] 日本零售中心公司（Japan Retailing Center）总部位于东京，创始人渥美俊一被誉为"日本连锁店之父"。该公司运营连锁店研究机构"飞马俱乐部"，为加盟企业提供经营管理咨询服务，并开展书籍和资料出版业务。

2 如今为何需要提高店铺活力（与店铺翻新的不同之处）

"提高店铺活力"这一表述并非特别新鲜，迄今的通常说法是"翻新或店铺（卖场）改建"。

正如其词义，翻新相对而言意味着以装置装备，即硬件为主对店铺进行改建。这么做虽然耗费成本，但能使店铺看上去焕然一新，吸引顾客，能取得某种程度的效果。笔者所说的提高店铺活力是以软件为主，这是因为硬件是软件的结果。

为什么要强调"提高活力"？一言以蔽之，因为我们所处的环境发生了变化。理由有三点：一是超越行业界限的零售竞争激化；二是成熟经济时代已经定型，卖方市场转为买方市场；三是顾客需求急剧变化。

关于第一点，不分业种业态的竞争店的增加令竞争形势空前严峻。在不远的将来，电商和无实体店销售将是最大的竞争对手。超市的开店数量增加和卖场面积扩大并没有带来相应的销售额提高，效率的低下已成为严重的问题。

第二点，日本经济从增长时代步入成熟时代。这一判断多年以前便已出现,如今终于有了切身感受。商品不足的时代结束,现在成了商品过剩的时代。

供给越是大于需求,价格的跌落和由此带来的价格竞争就越激烈。这对顾客而言意味着可以购买到更便宜的商品,对店铺而言则意味着商品单价下降。由此带来的是通货紧缩和高附加值商品沦为普通商品。这一倾向今后也将持续。

第三点与前两点有着很大关联,顾客不做饭倾向、老龄化、低价格化、追求安全放心的商品、从购物型消费转向体验型消费的趋势愈发明显。

如何才能应对经济环境的急剧变化,成功提高店铺的活力呢?笔者认为应做到以下三点。

一是从以硬件为核心改为以软件为核心,二是从总部主导型改为门店主导型,三是把采取相关措施的时间间隔从几年改为几个月。

(1)从以硬件为核心改为以软件为核心

所谓硬件就是建筑物、设备、布局、店内器材等。软件指的是商品、服务、销售和展示,以及宣传的方式、待客、店铺(卖场)的理念等。与硬件不同,软件不需要多少成本。当然,用于调查、分析和思考的时间会增加。

硬件一旦确定后就难以更改。软件的特征则是容易改变,有着不受成本制约,在必要时迅速动起来的优势。如果以软件为核心提高店铺活力,是有可能依据事实迅速付诸行动,迅速加以修正和迅速作出更改的。

(2) 从总部主导型改为门店主导型

方案制定、决定权和预算全部由总部掌控,这就是总部主导型。近来,总部的采购员在听取门店的要求后决定要购买什么商品、店内器具和货柜,店铺开发和店铺企划部门的员工对布局和成本负起责任的情况多了起来。即便如此,总部最后若不点头则事情决定不下来,无法行动的倾向依然存在。

门店主导型指的是门店主动出击,自主实施商圈调查和顾客调查等,制定具体的卖场计划后向总部提交方案。总部计算成本,参考迄今为止的成功和失败案例,向门店提出建议。门店(卖场)不能为所欲为地制定并实施提高活力计划。毕竟门店并非无所不能。

门店主导型之所以必要,是因为受所处地理位置、顾客和竞争店等因素影响,同属一家企业的店铺也会各有不同。当然,门店之间并非全都是差异,反而有许多可通用之处。所以,门店主导型也可以说是总部与门店协作型。

(3) 把采取相关措施的时间间隔从几年改为几个月

这一点与前两点有很大关联。包括上架和下架在内的商品替换、陈列量和排面数的变更等,可以以星期或月为单位实施;卖场面积的扩大或缩小等变动可以以季度为单位。这并不是什么特别的事，只是以往被当作"卖场作业"，没有被看作是"提高门店活力"的一部分。

最理想的是通过在短期间隔内采取措施，最终带来长期的活力提升。特别是超市的设备笨重，实施起来成本高，费时间。超市的行业形态不可能不断地去做硬件的活力提升。与服装店和家居时尚店相比，食品经营可谓是"吞金兽"。这是因为与货柜、器材等看得见的成本相比，作业场所、排水、电力设备等看不见的成本更大。因此，卖场难以轻易改变布局。

硬件的活力提高也是可以运用巧智的。某家超市的店铺没有一次性把硬件的翻新做完，而是分成三个阶段实施（当然耗费了时间）。第一阶段完成后观察顾客的反应，之后再进入第二阶段。带着"这次顾客会有什么变化"的期待，开展第三阶段的工作。由于每个阶段完成后都通过传单广告宣传"翻新开业酬宾"，效果持续显现。

3 让许多店铺掉坑的4条失败法则

如今为什么要提高店铺活力（多被称为店铺翻新）？这是因为店铺必须始终以良好状态迎接顾客，而现实则是店铺从开业之初便已经向陈腐化迈进了。随着备有丰富的流行商品和魅力设施的竞争店增多，现有店铺的老化在对比之下显得更为突出。

提高店铺活力意味着使店铺经常保持良好状态。笔者一直都说，好的店铺就是"能卖出商品、提高销售额的店铺"，绝不限于"漂亮的店铺"。

商品卖不出去，原因或许在于没有下功夫把商品的魅力传达给顾客。顾客不上门，原因或许是商品与客层不匹配。购买率不佳，或许是因为适量包装的选品做得不如竞争店。

要想找到真正的原因，重要的是"一年365天，以全新的眼光来审视平时的卖场"。

平时评价就不好的门店（卖场、商品、服务），如果只是改变布局和内装样式，其效果将仅限于用传单打广告时会吸引来顾客。笔者经常说:"把工作日的销售做好才能做好周末,把周末的销售做好才能做好特殊日子,把特殊日子的销售做好才能做好元旦春节这样的大节日。"笔者从未在平常购物时感到不满的店铺里买过礼品。

为什么会有诸多失败案例?为什么会不断重复同样的失败?究其原因,或许是由于像之前所说的那样每隔3~5年才进行一次店铺翻新,于是就想把陈旧的设备和店内器材全部更换掉。正因为时隔数年,铆足劲想打造"引人注目的店铺",致使为翻新而花费不必要的大力气。此外,可能没多久就会发生人事调动,最初提出的店铺理念被淡忘,这也是失败的诸多原因之一。

关于店铺活力条件得到有效提高的原因,笔者在观察了众多店铺之后总结了以下4条。

第1条 过于极端地变换了原来的目标客户群体和商品构成

把固定顾客群体和老粉丝完全从卖场排除,而新卖场获得顾客认知需要时间。提高店铺活力本应该基于审视卖场后发现的事实,一点一点地加以改进。如果在研究了事实后决定大刀阔斧地改变,那就不要顾及别人说什么,坚持到底熬过去。但往往经过6个月后,当初的新想法就会因实际业绩跟不上而作废。这就是现实。

第 2 条　轻视中心价格带、中心品牌、中心尺寸（容量）

中心价格带、中心品牌、中心尺寸（容量）的商品是顾客最在意的经济实惠商品，对门店而言是主力商品，最应该力推的盈利性商品。但是，对精选商品和高单价商品抱有过高期待，导致本应最为门店所珍惜的顾客出现流失。

第 3 条　内装设计和设备耗资过多，卖场形象变化过于巨大

如果改变后的卖场形象与目标顾客群体相匹配，内装设计能够衬托商品的魅力，那就不存在问题。若并非如此，反而造成门店与顾客、商品割裂，导致门店成为顾客越来越不想进、不想消费的购物场所。

另一方面，过度在意低成本的低档店铺也会严重损害店铺形象和商品价值。当然，低档店铺能营造便宜感，也不无优势。然而，只有那些看似耗资进行了翻新装修，实际上却并没有花太多钱的店铺，才是零售业专业人士追求的高回报店铺。

第 4 条　忽视商品知识、销售展示及宣传方式等卖场运营

所需的教育

顾客购买的是商品、服务和店铺的氛围,而不是建筑物和设备。顾客若是不了解商品,不喜欢门店经营的商品,如何能够提高对店铺的信任度(店铺忠诚度)?

以上所说的情况无论什么行业或形态都会发生,应该视为共通性问题。

第 2 部　实践对策篇

传授最新的店铺活力提高方法

在为提高店铺活力或实施店铺翻新,而开会讨论和推进作业的过程中,有时会忘了目的。目的是更改内外装修的样式,还是为了调整课组(扩大或缩小)以应对对手竞争,或是替换销售低迷的商品,这原本应在开始作业之前就确定。但做着做着就变成这也要做那也要做,范围不断扩展,耗费的成本和时间将随之增加。还会有人想借机添置完全够用的店内器材和货柜。

如果不极力控制不必要的,即不能促成预期效果的投资和成本,将导致盈利所需的销售额膨胀。然而在当今时代,销售额不是那么简单就能提高的。虽然成本看得见,容易控制,但效果如何就不好说了,存在着很多不确定因素,十之八九结果令人失望。因此,为了有效利用成本和时间,有必要一遍又一遍地追问"目的是什么"。

4 提高店铺活力的三个阶段

提高店铺活力有三个阶段，一是老化对策，二是竞争对策，三是政策上的对策。不能有效提高店铺活力的原因之一便是没有把这三个阶段加以区分。

第一阶段　老化对策

外墙和内装出现污垢，店内灯光变得昏暗，这会严重损害店铺形象。老化对策指的就是为防止店内环境陈旧老化给顾客购物造成不便，而采取的提高活力措施。

老化对策的对象以硬件为主，虽然几乎不会提升销售额，但对向顾客传递商品价值，维护店铺形象而言是必要的。总部原本每年都会在经费预算中作出店铺维护成本的预算，然而一旦作为活力提升的措施决议做店铺翻新时，就需要再做成本预算，销售额的目标值理所当然地也随之涨上去。因此，有的店铺会放弃效果不大的老化对策。其结果就是一旦竞争对手在同一商圈内开设新店，相比之下，本店形象就会变差，会失去一部分三四十岁顾客的支持。

第二阶段 竞争对策

当竞争对手在同一商圈或辐射圈内开设新店时，为了最大限度地防止自身店铺的销售额下滑，或是为了不让竞争对手完成预期销售目标，需要提高自身店铺的活力。这便是竞争对策。竞争对策要事先调查竞争对手的商品力、服务力、店铺运营能力。调查通常在对手开设新店前后实施。

竞争对策主要包括课组的扩大或缩小、商品替换、提高服务水平等，以软件为核心开展。

现实中许多企业和门店并不是按照正确的步骤去提高店铺活力，而是试图用调整价格或传单广告等促销政策渡过难关。

第三阶段 政策上的对策

政策上的对策指的是为使店铺持续保持盈利，每 3~5 年定期提高店铺活力，或是作为企业的政策推行活力提高措施。

在实施对策前要对自身店铺数据（含入驻商户业绩），商圈的变化与自身店铺商品的匹配度，包括竞争对手在内的今后市场环境的变化等进行调查。这几乎和开设新店的准备工作差不多。在完成这些调查之后，再决定是否成立新部门、裁掉现有部门、更换商户、扩缩部门规模、增减店铺面积、扩缩停车场乃至整体拆除新建等重大措施，全面对店铺进行打造。

近一段时期以来，这样的大规模投资案例增多，成功与否的最重要指标是投资回报率，必须实现投资额3倍以上的销售额。然而，提高店铺活力的基本原则是不能让翻新效果仅限于一时，要坚持"永葆新鲜"的思维。只有每一天都赢得顾客忠诚度的做法才有助于获得理想效果。

5 采取正确的活力提高步骤

提高店铺活力的正确步骤就是给自身门店和企业作出定位的步骤。(请参考资料2)

第一步要决定的是本门店的顾客是谁。利用现有的商圈调查数据，了解谁是主要顾客，谁是次要顾客。通常只靠商圈调查数据是难以作出决定的，这时可以进一步实施顾客穿戴调查。顺带调查一下同一时间段竞争店内顾客的穿着打扮，可以很容易看出彼此之间的差异，且实施起来很简单。为了不失礼貌，用相机从远处拍摄顾客的背影，可以细致而形象化地完成顾客画像。只知道主要顾客是"从40岁出头到快60岁的人"是不够的。把拍摄到的顾客照片贴出来，眼前就容易浮现出顾客画像。这对改善选品、订货和待客都有帮助。

第二和第三步分别是掌握顾客的购物特点和了解当地顾客的想法。各种调查结果都显示，无论行业的种类或形态，顾客选择店铺的理由中"距离近方便""选品丰富""价格便宜"肯定是排在前列的。

这些是顾客不变的愿望，应该尽最大努力作出回应。但

资料2　提高店铺活力的正确步骤

（1）顾客是谁
　　　（卖场全体员工都能描绘顾客画像）

↓

（2）顾客的购物特点
　　　（"近且便利的店铺"是顾客不变的愿望）

↓

（3）当地顾客的想法
　　　（相对愿望而言，更重要的是收集顾客的不满）

↓

（4）竞争店的实力
　　　（把"在中心价格上产生冲突"的店铺认定为竞争店）

↓

（5）自身店铺的实力
　　　（用同样的标准相互对比可以认清自身）

↓

（6）明确自身店铺主打什么
　　　（不可能把所有的商品卖给所有的人）

↓　　　　　在这个步骤决定是否进
　　　　　　行店铺翻新或业态转型

（7）店铺设计
　　　（评价标准是"能卖出商品提升利润的店铺"）

↓

（8）把决定了的事贯彻到底
　　　（不去做则毫无意义）

是，顾客的愿望有可能无限放大。受卖场面积、成本等因素的制约，有些愿望不能实现。应该优先考虑消除过往实际存在的、已知的顾客的不满。这才是有效的做法。

笔者前往翻新后的生活协同组合超市店铺参观时，发现新建了电梯，以往乱糟糟的卖场变得井井有条。可能是由于老年人顾客特别多，店铺翻新时采取了相应的改善措施。以前食品卖场在一层，服装和家居相关卖场在二层；一层熙熙攘攘，二层冷冷清清。翻新后食品卖场占了两层，原先二层的服装和家居相关卖场被压缩。这么做应该不仅是为了使卖场规模恰到好处，也是为了消除顾客的不满。

第四步是了解竞争店的实力。笔者对竞争店的定义是顾客群体基本一致，选品基本相同，中心价格带存在冲突的店铺。换句话说就是定位相同的店铺。想了解竞争对手，就要从价格、选品（规格、等级等）、销售展示及宣传的方式、售货员（含收银员、服务员）的态度等多个维度出发进行调查。特别是有众多业态涉足的食品领域，总是避免不了比价，如果不把竞争对手设定为同一定位的店铺，面对竞争会容易采取不合理、甚至毫无用处的降价措施。

第五步是了解自身店铺的实力。不要凭印象或臆想，而是通过顾客问卷调查和内部业绩评估来冷静地分析自身店铺（企业）的强项和弱点。

资料3是各部门MD分析汇总的示例，汇总了对强项和弱

资料3 各部门MD分析汇总表示例

项目	基于事实评估出的强项			基于事实评估出的弱点		
部门	强项	理由	实际数值	弱点	理由	实际数值
农产品	当地生产的蔬菜众多新鲜度良好	根据顾客问卷调查，贴近当地的措施受到高度评价	GMROI＊第1位商品周转率、毛利率均为第1位	向顾客提供的信息少散装销售和无包装销售价格高商品的规格过大	根据顾客问卷调查	销售增长率蔬菜 第9位水果 第6位
水产品	刺身拼盘的价格、选品情况优于竞争对手对生鱼的评价高	根据MD差异化及顾客问卷调查	GMROI 第3位综合排序 第4位	鱼的种类少鲜度不足已烹饪的商品少	根据临时工小组访谈调查（反映鲜度问题的顾客意见有4份）	销售增长率 第10位毛利率 第9位
畜产品	在价格和质量上，顾客的信任度高	根据顾客问卷调查	单位卖场面积的销售额 第1位	肉馅质量差少量包装的选品少每个品种的SKU数少	根据棚格和陈列面面调查以及MD差异化调查	销售增长率 第11位
熟食	寿司、可乐饼的味道好	根据对临时工的小组访谈调查	销售增长率 第1位	销售商品少看上去不好吃	每坪的销售额和毛利额均低	单位卖场面积的毛利率 第3位
日配	自有品牌的价格低	根据价格强调点调查	销售增长率 第4位	面包、豆腐、鱼肉加工品的味道差生产日期旧	根据临时工小组访谈调查	毛利率 第8位
加工食品	咖喱和意大利面的选品好	根据棚格和陈列面调查	销售增长率 第3位	选品的深度不够新产品的选品少	根据重点商品促销调查	综合排位 第8位毛利率 第10位
糕点糖果	日式点心的味道好	根据顾客问卷调查	商品周转率 第5位	选品差（筛选过度）	根据棚格和陈列面调查	综合排位 第10位

＊毛利率投资回报率：Gross Margin Return On Investment，缩写为GMROI，是一种库存获利能力评估比率，通过将利润总额（毛利润）除以平均库存成本得出。

126

点的分析，通过开展定性调查和定量调查，作为依据把顾客反映的事实与数据进行了对比。

第六步是明确自身店铺主打什么，即明确发展方向和做什么生意等理念。这将成为提高店铺活力（翻新）的理念。

资料 4 是创造店铺理念的步骤。为了实现企业的经营理念，需要知道自身的强项和弱点，了解顾客的需求。此外，还要知道竞争对手的强项和弱点，研究或预测今后市场和当地特点的变化，明确自身店铺（企业）的发展方向。根据需要，选择核心部门，集中资源，放弃其他部门即改为联营化。服装部门和家居用品部门尤其如此，可决定哪些门店需要强化这两个部门，哪些门店要改为招租商户，哪些门店不再经营这两项业务。笔者也深刻感受到，如今已不再是把所有商品卖给所有人的时代了。这就是从综合化向专业化转型。

上面所说的是门店借助总部的商品部和促销部等部门的力量，自身必须实施的软件方面的翻新工作。这将决定要进行多大程度的店铺翻新。

第七步是店铺设计。店铺设计主要依靠总部人员或外聘的专家。这时不要想着去建造一个"漂亮的店铺"，应该考虑的是"把前六个步骤用形态呈现出来"。店铺设计成功的评价标准是翻新后的店铺"能卖出商品提高盈利"。

第八步就是遵守决定了的事项，贯彻到底。贯彻在第六步

资料4　创造店铺理念的步骤

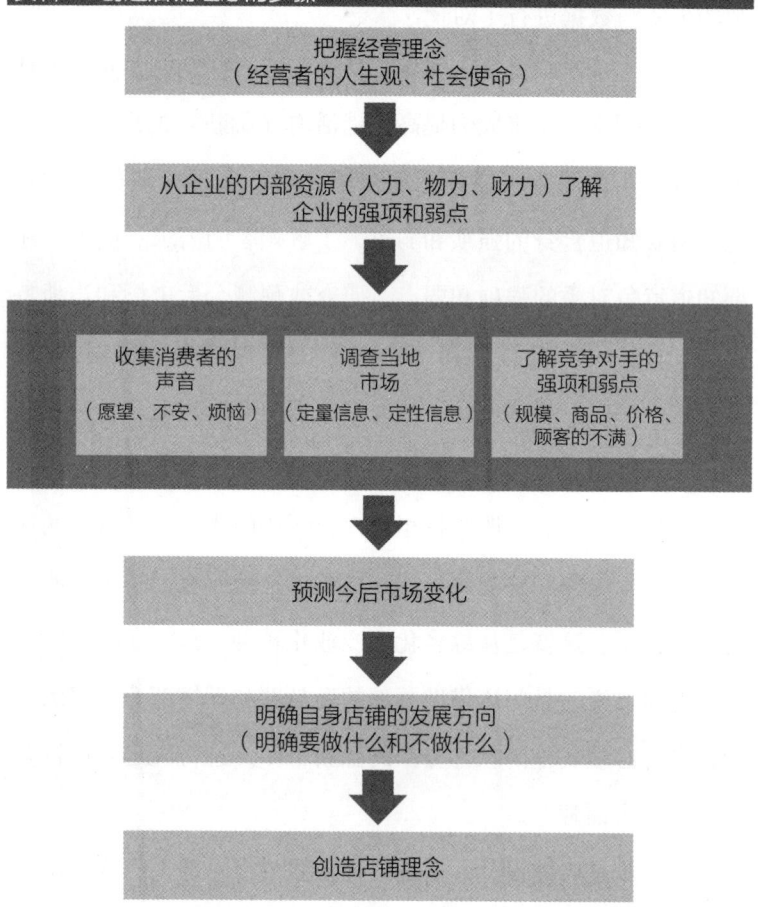

```
把握经营理念
（经营者的人生观、社会使命）
        ↓
从企业的内部资源（人力、物力、财力）了解
企业的强项和弱点
        ↓
┌──────────────┬──────────────┬──────────────┐
│ 收集消费者的 │  调查当地    │ 了解竞争对手的│
│    声音      │    市场      │   强项和弱点  │
│（愿望、不安、│（定量信息、  │（规模、商品、 │
│    烦恼）    │  定性信息）  │  价格、顾客的 │
│              │              │    不满）     │
└──────────────┴──────────────┴──────────────┘
        ↓
预测今后市场变化
        ↓
明确自身店铺的发展方向
（明确要做什么和不做什么）
        ↓
创造店铺理念
```

明确的店铺理念，始终予以遵守。当然，如果商圈的情况发生变化，理念也是可以修正的。好不容易顺利走完第七步，最终因不能坚持到底而导致提高店铺活力的计划失败。这样的案例

笔者见过很多。

店铺翻新后,每周、每月、每季度乃至每半年进行工作检查是不可或缺的。资料 5 是翻新开业后一个月熟食部门复盘材料的部分内容。从中可以看出,他们对其理念逐一进行了评估,梳理了工作表现和存在的问题,实施了检查。这个工作要坚持做到什么时候?答案是"直到能真实地感受到成功"。

上述这些步骤并不特殊,任何一家企业(店铺)或多或少都是这么做的。然而,为什么结果会出现差异?老生常谈的话已重复了多次,原因就在于"没有遵循正确的步骤""没有凝聚总部和门店全体人员的智慧""没有贯彻到底,做了但不复盘"。

资料5 熟食部门1个月复盘总结示例

理念	评估	1个月复盘与问题点	今后的课题	责任人	截止日期
1.强化米饭类商品	△				
①强化竞争店缺少的迷你容量商品。	△	准备了2种面类商品，2～3种盖饭，迷你天妇罗盖饭销售良好，迷你酱炒面的损耗大。	开发其他商品，替代卖不动的迷你容量商品。	采购员	1月10日
②从傍晚到傍间，为下班的人准备分量足够的幕之内便当[1]。	○	日常准备2种幕之内便当，略显老套。	厚猪排便当680日元的价格略高，但将尝试销售。	晚间临时工	12月15日
③强化糯米小豆饭。强化"应季"糯米小豆饭的销售。	△	周六周日的粽子小豆饭能卖动，工作日的销售情况不佳。	通过试吃推荐，推出糯米小豆饭以强化"应季"商品。	采购员与经理	12月3日
2.强化散装销售	○				
①准备10个种类的散装自选商品。	○	目前经常有8～10个种类，销售良好。	继续保持现有销售态势。	负责炸品的临时工	—
②强化可乐饼。充实单品并宣传"刚炸出锅"。	○	供货客自选时推出8种商品，其中包店新上架的商品。	强化自选时的试吃。	负责炸品的临时工	—
③强化天妇罗。准备应季的天妇罗。	○	替换了牙牡蛎，把天妇罗作为每日特选商品的重点。	继续保持，并推出牡蛎的新商品。	采购员	1月10日
3.实施不同时段的MD	×				
上午、下午更换一部分商品。	×	上午和下午不能充分做到张弛有度，主力商品出现了断货。	把16点起卖不动的商品改在货架第一层陈列。	采购员	12月1日
上午强化小吃。	△	牡丹饼、章鱼小丸子表现尚可，但显得老套。	推出美式热狗和鲷鱼烧。	经理	11月20日
下午强化比萨饼、饺子、煮鱼。	×	因没有时间而未能推出比萨饼，饺子也因销势不佳而未推出。因为顾客的关系，煮鱼在上午销售。	以"玉米比萨饼"为主推出比萨饼，若没有饺子则全部都是油炸品，将准备饺子。	经理	11月15日
晚上强化烤鸡串、烤鱼。	△	烤鸡串有盒装和散装卖两种形式，没有在晚上推出烤鱼。	因鲜鱼卖场把晚间的烤鱼作为重点商品，在熟食卖场把煮鱼和烤鱼改为早晨型下午的重点商品，增加种类。	晚间临时工	11月15日

① 幕之内便当是日本便当的一种，由米饭和多种类的副食组合而成。因最早在能剧、歌舞伎的幕间食用而得名。

6　一年365天"永葆新鲜"的做法

要在艰难的时代生存下去并取得胜利，什么是成功提高店铺活力的关键点？有三点是必要的。一是接近顾客，二是步骤正确，三是营业能力。每每听到失败案例，笔者都禁不住要问："为什么忽视这些关键点？"

第一点"接近顾客"就是准确把握市场需求。在小商圈化的趋势下，连锁店若没有需求为本的想法就无法生存。

第二点"步骤正确"指的是为让所有相关者理解、接受并合力付诸实施所需的步骤。

第三点"营业能力"是"作"（采购员）和"演"（店长、售货员）以及"调"（督导和总部人员）共同的工作。

如果是提高软件方面的活力，每周或每月都能有所作为。笔者称之为"一年365天提高活力（永葆新鲜）"。"提高店铺活力"的含义原本是博大精深的，但一直被限定在用于店铺翻新，特别是以硬件为主的翻新。一线每天都在发生变化，实物商品、服务、销售展示以及宣传的方式时常更换。现实中为了战胜对手,满足顾客需求,店铺之间正在各自运用巧智开展竞争。然而,"几年后""等实现盈利后"再提高店铺活力之类的说辞却甚嚣尘上。这令人感到极其不可思议。另外,一旦有了盈利,审查就变得不严格,开始在硬件投资上大手大脚。如果不能实现投资成本3倍以上的回报(销售总额、毛利总额),就不要进行硬件翻新。这个标准应该继续遵守。

维护成本姑且不论,在得知没有翻新预算之后,有的店铺凭借提高软件方面的活力取得了成功。

资料6是每天能在卖场实施的提高活力的步骤,笔者将之命名为"一年365天提高活力(永葆新鲜)的步骤"。

①商品整顿→②商品群整顿→③部门整顿→④在销售、展示、宣传的方式和陈列上下功夫。至此是软件方面的活力提高。在销售、展示、宣传的方式和陈列上下功夫虽然排在第四步,但是与前三步息息相关。⑤布局及设备的变更→⑥增加面积和拆后新建属于提高硬件活力的阶段。

在前四个步骤没有进行充分探讨,或者自以为进行了探讨的情况下,便开始热心讨论第五步和第六步硬件活力提高的例子应该有很多。说到底,应该把硬件的提高看作是下功夫提高软件活力的结果。

特别重要的是第一步商品整顿。业绩上不去的门店存在一

资料6　一年365天提高活力（永葆新鲜）的步骤

1．提高活力的意义

○　硬件是软件的结果
×　布局先行

2．提高活力的正确步骤

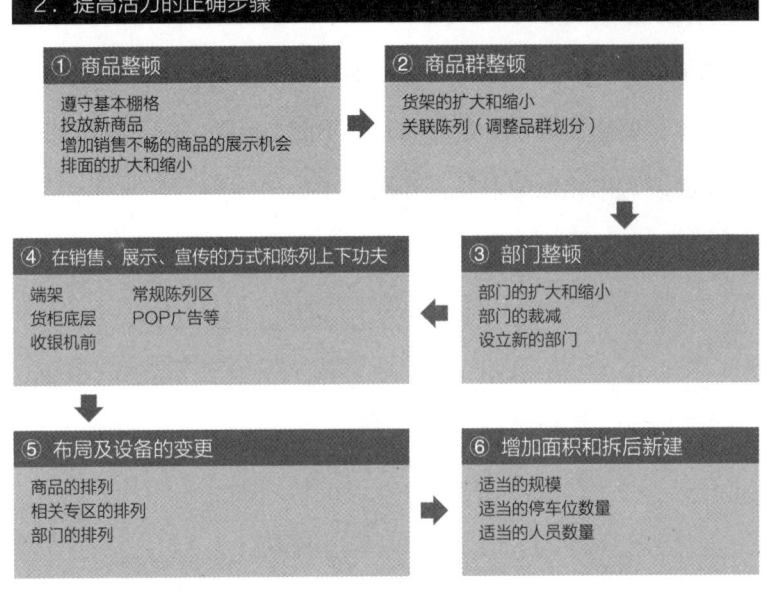

① 商品整顿
遵守基本棚格
投放新商品
增加销售不畅的商品的展示机会
排面的扩大和缩小

② 商品群整顿
货架的扩大和缩小
关联陈列（调整品群划分）

③ 部门整顿
部门的扩大和缩小
部门的裁减
设立新的部门

④ 在销售、展示、宣传的方式和陈列上下功夫
端架　　常规陈列区
货柜底层　POP广告等
收银机前

⑤ 布局及设备的变更
商品的排列
相关专区的排列
部门的排列

⑥ 增加面积和拆后新建
适当的规模
适当的停车位数量
适当的人员数量

个共同的问题，那就是不遵守基本棚格或总部的方案（指示）。必须把切实遵守总部，特别是商品部规划的基本棚格作为起点。有的门店借自主性的名义擅自更改方案，或是过度强调当地特点，结果导致卖场混乱。

完成第一步后，第二步和第三步就是要决定把哪些部门、卖场、专区扩大，把哪些部门、卖场、专区缩小，把哪些部门、卖场、专区裁减，改为吸引商户入驻。

平时就不被顾客信任的店铺，单凭耗资改变一个形式、外壳是不能使销售额产生变化的。

资料7是软件方面活力提高计划的图表。之所以标注为"应有步骤"，是由于现实中因时间不足，提高活力的工作多由总部的开发部或店铺企划部主导，经常多头并进。既然耗费了成本，要想使计划一定成功，就不能怕麻烦，有必要按照这些步骤或者以相似的形式去开展工作。

第4章 提高现有店铺活力

资料7 软件方面活力提高计划图表（应有步骤）

摘要 \ 月份	1月上	1月中	1月下	2月上	2月中	2月下	3月上	3月中	3月下	4月上	4月中	4月下	5月上	5月中	5月下	6月上	6月中	6月下
①评价分析自身店铺业绩（包括入驻商户）		○																
②梳理课题和发展方向			○															
③调查顾客意见以及对临时工（店员）进行小组访谈调查				○														
④总结课题和发展方向						○												
⑤调查竞争店							○											
⑥总结课题和发展方向									○									
⑦分析各部门MD情况及汇总商品MD战略										○								
⑧创造店铺理念													○					
⑨制作具体行动方案															○			
⑩制作卖场面积及入驻商户匹配方案																○		
⑪制作卖场区划方案																	○	
⑫完成成本预估																	○	

135

7 提高店铺活力所必需的三个 F

在即将结束本章之际，笔者想用自己喜欢的"三个 F"作为提高店铺活力的关键词来总结本章的主题。

F 代表 Fresh，有鲜度、新鲜、全新等意思。所谓提高店铺活力是为保持 Fresh 而不断地去奋斗。店铺开的时间越长，不可避免地会失去新鲜感，需要更新外观、内装和设备，某些情况下甚至要拆后新建甚至关店（店铺的 F）。

店铺的 Fresh 很重要，除此之外还有能够且有必要在日常进行的 Fresh。那就是①经营方针的 Fresh（F1），②选品和服务的 Fresh（F2），③人心的 Fresh（F3）。

★ F1 经营方针的 Fresh

经营方针是企业的目标和发展方向，在门店和卖场则是店铺理念和卖场理念。把握顾客、市场和商圈的变化以及竞争店的动向等事实后，门店（卖场）围绕要做什么和能做什么得出的结论就是经营方针。理念是对调查了的事实的高度浓缩升华。如果事实发生变化，理念当然就需要更新。但现实中也不乏理念一经确定就一成不变的情况。

★ F2 选品和服务的 Fresh

选品和服务的 Fresh 才是真正每天提高活力的做法。店铺不应把似乎是理所当然的选品汰换看作是"单纯的作业"。在选品工作中，应该第一时间备齐新商品、人气商品、热门商品，积极地对畅销商品和想要卖出去的商品进行醒目陈列。

此外，对服务而言"免费"是一大要素，但更加重要的是"速度"。店铺能否变得 Fresh，完全取决于能否迅速应对顾客需求。

★ F3 人心的 Fresh

人心的意思是能动性和干劲。笔者始终认为，零售业是与人打交道、取决于人的行业。如何对待顾客影响着销售走势，上级如何与下属沟通也会影响到下属的工作作风，在这点上，零售业与其他一切行业没有什么不同。下属在不理解、不接受的情况下工作，会有被迫感，不能尽情发挥自己的力量。

如果不能正确传达提高店铺活力的目的，不改变每个人的工作方法，那么即便改变了商品和卖场，销售额也难以提升。

完善信息系统和物流等支持系统是企业成功的条件之一，而工作人员的活力和干劲则是零售企业成功的必要条件。

  笔者深刻感受到，持续努力建设良好的组织文化，对提高店铺活力而言也极为重要。

第 5 章
店铺布局与店铺建设

异形店的布局亦有规则

因与我们学过的"标准"不同而被称为异形？

"异形布局"再次受到了关注。流通行业专业杂志刊登的店铺报道中介绍了众多异形布局。异形布局的店铺还在某专门杂志的年度最佳店铺评比中入围前列。以往几乎每年都名列前茅的知名企业的店铺如今不再出现在榜单上，而且不再是必须前往参观学习的对象。

这样的情形可谓是"异形布局热"。当初为什么会有"异形"这一说法？这类布局真的那么怪异，那么恶劣吗？或许是因为与我们迄今学过的东西（姑且称之为"标准"）不同，这类布局才被贴上了"异形"的标签。

然而，所谓的"标准"就是正常的吗？"标准"到底是什么？本章将探讨零售业工程再造中的"新标准"。

1 "正常"店铺布局的标准

简单来说,店铺布局的标准有以下5条。

①入口开在墙面一侧。

②主通道笔直延伸至最里面。

③主通道有足够宽度,使人与人能擦肩而过。

④主通道尽头直角拐弯呈反L形(L顺时针旋转90度后的形状,主通道的尽头位于入口的对角线最末端)。

⑤在与入口正对着的墙面一侧开设出口(采用コ形布局)。

如此布局的目的在于让顾客沿着摆满购买频率高的主要商品群的主通道边走边购物,无论如何走进最里面,然后逛遍整个卖场,把所有商品都浏览到。

如果布局与众人认为理所当然的コ形不同,可能马上会被称为"异形"。但是,上述目的不仅适用于自助式卖场,介于自助与面销卖场的中间形态"自选式卖场"也是不变的原则。

如果能达到这个目的，笔者认为哪怕采用赛马场型、赛车场型布局，甚至采用曲线布局都是可以的。

资料1是笔者曾经实施的顾客动线调查。其结果显示，即便采用了传统的コ形布局，顾客也不会把店内都逛遍。此外，近来顾客在店内的停留时间越来越少，在超市的停留时间平均也只有10分钟左右。因此，只要有助于改善现状，就无须被形式束缚，应该灵活思考。

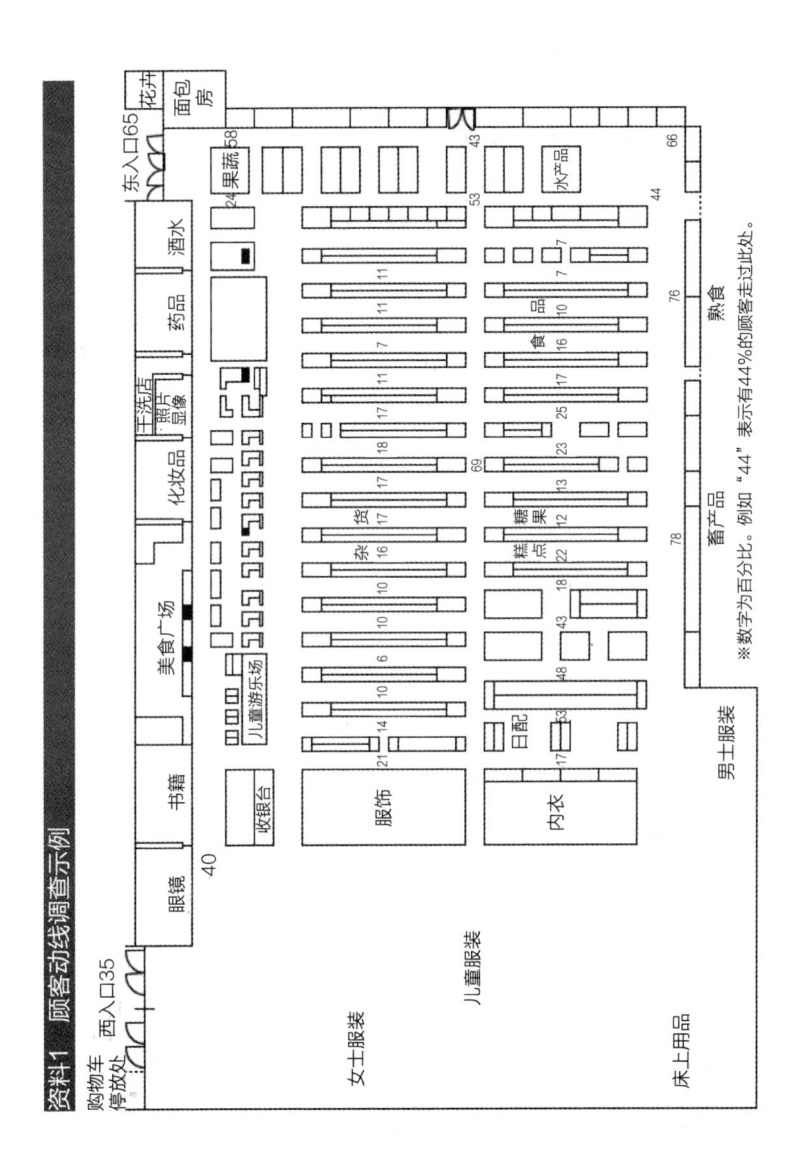

第 5 章 | 店铺布局与店铺建设

资料1 顾客动线调查示例

（图示：某超市卖场布局与顾客动线示意图，各区域包括：购物车停放处、西入口35、东入口65、花井、面包房、眼镜、书籍、收银台、服饰、内衣、女士服装、儿童服装、床上用品、男士服装、美食广场、儿童游乐场、化妆品、干洗店、照片冲印、药品、酒水、果蔬、水产品、食品、糖果、糕点、日配、杂货、畜产品、熟食等。图中数字表示顾客走过该处的百分比，例如"44"表示有44%的顾客走过此处。）

※数字为百分比。例如"44"表示有44%的顾客走过此处。

143

2 曾经出现过的"异形"热

把异形布局当作是走向新时代的潮流的年轻店员、规划师和设计师越来越多。但是从不同于原教旨主义标准的意义上讲,以往也曾有过许多"异形"布局。下面试举5个例子。

①迷宫型通道(布局)
②港湾型布局
③集市型布局
④果蔬卖场设在距离出入口最里端的中央位置的布局
⑤两层卖场或熟食卖场设在出入口的布局
等等

一些时装大厦和小型购物中心曾采用第一种迷宫型通道(布局)。这么做是为了创造寻找、发现商品的乐趣,烘托店铺的个性。店铺(卖场)明亮,但通道昏暗(有的还设置了隧道)且弯弯曲曲,试图激发顾客的兴奋感。这种布局现在完全看不到了。

第二种布局是以靠墙的生鲜食品（果蔬、鲜鱼、肉类）为中心，周围各部门卖场像港湾一样环抱，营造出市场般的热闹氛围。这种布局的缺点是难以进行各部门的扩缩，近来变少了。

第三种布局和第二种一样，以生鲜食品为中心，多使用平台和平面展示柜，营造出正面意义上的杂乱感，烘托出热闹气氛。有的店把生鲜的四个部门和加工食品、酒水、日用杂货等非生鲜部门划分开，整体布局划为左右两个大区（美国 Wegmans[①]方式）。这种方式曾消失过一段时间，但近来出现了复苏的兆头。

上述三种布局可以说是设计师主导型、硬件优先型布局。

第四种布局是 York 超市[②]和伊藤洋华堂曾经尝试过的，一度被称为"根据顾客购物需求打造的布局"（笔者对此抱有疑问）。从出入口起的部门排列依次是肉类产品→西式日配食品→西式果蔬，从反方向的出入口起则是鲜鱼→日式日配食品→日式果蔬。如此安排的逻辑是可以理解的，但由于许多顾客反

---

① Wegmans 全称 Wegmans Food Markets，韦格曼斯食品超市，是总部位居美国纽约的非上市企业，成立于 1916 年，由韦格曼斯家族经营，因高质量的服务和出色业绩在业内广受赞誉。

② York 超市是柒和伊控股集团的全资子公司，主要在日本关东地区南部经营超市连锁店。

映购物不方便,最终恢复了原来的直线型布局。

第五种布局与其说是异形,不如说是"扁平的コ形布局"。

在城市内房租昂贵、地皮狭窄的条件下,两层超市的存在有着充分的合理性,未来有可能增多。在位于地铁站前或年轻顾客较多之地的超市,以熟食为起点的布局有望提高这类商品的销售额。笔者在接受店铺规划咨询时也意识到这一点,因为这种布局可以实现现代风格的短时间购物。

3 什么是好的布局

上一节介绍了许多异形布局。实际情况是这些布局即便在当时成为热门，之后也不能持久。那些能成为话题的和在人气评比中排名靠前的店铺无不是以设计（硬件）为优先，明显有着实验性店铺的定位，比较抓眼球。这与其说是好的店铺，不如说是体现了项目负责人想要建设这样的店铺的愿望。笔者始终认为，所谓好的店铺、好的布局就是"能卖出商品提高盈利"的店铺和布局。无论布局是コ形、集市型、直线型还是曲线型，前提都是要卖出商品提高盈利。

好的布局到底要满足什么条件？下面就从①顾客的视角，②卖场工作人员的立场，③生意（店铺、企业）的观点出发进行一番梳理。笔者在制作店铺规划时也是从这3点出发展开思路的。

①从顾客的视角出发

布局要方便进门、方便走动、方便寻找商品、方便购物、方便出门。虽然已是老生常谈，但"从顾客的视角出发"的思路并没有错。如何能让顾客感到方便，决定了通道宽度、卖场配置、货架排列长度、商品配置和器材高度等事项。

为了方便顾客，这基本上没错。但是，思考的出发点是大众，与思考的出发点是企业定位（发展方向）或目标顾客群体，其结果是不同的。以低价型店铺和生活提案型店铺为例，前者为了推行彻底的自助服务，宜采用相对简单的直线型布局；后者因需要提案的展示空间（布置平台、平柜等），将会越来越多地采用斜线型或集市型布局。

目标顾客群体不同，店内灯光的亮度（照度）也会发生变化。如果目标是老年顾客，笔者本人喜欢采用明亮的灯光。目标是年轻顾客时，店内灯光多少有些昏暗也没问题。目标顾客的身高如果不同，陈列的黄金线、陈列位置和器材的高度当然要随之改变。

②从卖场工作人员的立场出发

要时常注意缩短从作业场所到卖场的工作动线。不考虑作业便利性的异形布局是无法持久的。不仅是布局，重要的是在设计布局之前确定卖场的适当规模。这是因为工作量与陈列量（库存量）成正比，而陈列量又与卖场面积成正比。

还有一点要考虑的是布局是否容易提高销售额和盈利，换句话说就是是否不容易出现机会损失和降价损失。由于能卖出去的商品及其数量（陈列面）因四季变化和生活事件而不同，每个季度推出的商品也会改变，卖场空间必须能够扩大或缩小。长的货架比短的货架便于应对卖场空间变化。同理，卖场的地板也不宜采用色彩不统一的铺装。

③从生意（店铺、企业）的观点出发

要平衡初期投入和维护成本。通常情况下，初期投入越高，维护成本也就越高。从长远角度考虑，为减少地板等的维护成本而增加初期投入的情况当然也是有的。

特别是超市，与其他形态相比成本高，这是因为与货柜、店内器材等看得见的成本相比，以生鲜食品为主所需要的设备和供排水系统等看不见的成本更大。店铺翻新使布局发生巨大变化，其投资额远不是非超市行业所能匹敌的。正因为如此，只靠更新硬件是不能成功提高店铺活力的。

综上所述，每次进行店铺对比等店铺调查时都会得出以下规律。方便调查的店铺（布局）就是方便购物的店铺、方便工作的店铺，就是能卖出商品、提高盈利的店铺。相反，不方便调查的店铺（布局）等同于不方便顾客购物的店铺。而不方便购物的店铺对卖场员工来说就是不方便作业的店铺，对企业而言就是即便能卖出商品也会造成众多损失的赚不了钱的店铺。

资料2是"店铺建设清单示例"。不管是直线型还是异

资料2　店铺建设清单示例

	负责人章	上级主管章	上级主管章

姓名　＿＿＿＿＿＿＿＿＿

● 店铺检查要点

实施年月日　＿＿＿＿＿＿＿

评估项目 / 评估要点	很好地理解并执行	基本理解并执行	基本知晓但执行的不多	不甚理解且基本上没有执行	完全没有执行
1. 橱窗（主展台）在卖场的正面，面向人流多的通道	10	8	6	4	2
2. 布局能否顺畅引导顾客走到里面	10	8	6	4	2
3. 磁石点（有魅力的商品）的位置是否清楚明确	10	8	6	4	2
4. 主通道与副通道是否明确分开、店内是否便于走动	10	8	6	4	2
5. 店内器材的高度是否低于视线高度	10	8	6	4	2
6. 器材种类是否繁多、同样商品是否备用不同器材陈列	10	8	6	4	2
7. 桌子和展台的高度是否与商品匹配	10	8	6	4	2
8. 灯光亮度是否合适、如有射灯是否得到了有效利用	10	8	6	4	2
9. 内装的颜色和材料是否拉低了商品的价值	10	8	6	4	2
10. 商品与店内器材的等级是否一致	10	8	6	4	2
FA的评语	总计				

总分

（满分100）

形，检查项目2的"布局能否顺畅引导顾客走到里面"和项目3的"磁石点（有魅力的商品）的位置是否清楚明确"等是共同的重要评估标准。

4 热门店铺的布局评价

下面从笔者调查过的诸多店铺中选择近年来热门的 5 家店铺，以食品部门的布局为主评论一下。

(1) **永旺 Style 板桥前野町店（生活提案型→价值导向型）**

该店为两层建筑。一层是酒水卖场、花卉卖场和餐饮区，采用曲线型布局。主体的地下一层是超市，采用基本的コ形布局，但生鲜食品的四个部门为港湾型布局，日配、加工食品和日用杂货为直线型布局。生鲜食品的每个部门（卖场）由靠墙的多层货架或半多层货架、平柜和平台搭配组成。卖场配置以位于自动扶梯出口处的果蔬为起点，然后到鲜鱼，到肉类，再到熟食的基本布局，清楚易懂。卖场面积 650 坪（笔者计算），除了一层的酒水卖场外，规模适当。

评价：布局略显异形，应属于当代版基本布局。

(2) **生活中心广场[①]押上站前店（生活提案型）**

该店为两层建筑。一层面积约 400 坪，采用集市型和直线

---

① 生活中心广场：Life Central Square，LIFE 公司运营的都市型高端超市。

型布局，有熟食、酒水、餐饮区和健康美容产品的面对面待客卖场。主体的地下一层为面积约 600 坪的超市（不含熟食和酒水部门），布局基本为コ形中的直线型，只有果蔬和糕点糖果为港湾型布局。卖场配置以自动扶梯出口为起点，依次为果蔬、鲜鱼、肉类、日配、糕点糖果。生鲜卖场由多层货架、平柜和平台搭配组成，购物方便。

评价：布局略显异形，应属于当代版基本布局。

（3）八百幸[①] LaLaport 富士见店（生活提案型→价值导向型）

单层建筑，卖场面积 800 坪。面朝购物中心，分别设置了果蔬和熟食的两个通道（两个入口）。16 台收银机并排设在两个通道中央，将生鲜品与非生鲜品的卖场划分开（与东大和店一样）。生鲜品卖场为集市型布局，非生鲜品卖场基本为コ型和直线型布局。加工食品和日用杂货卖场为直线型布局。日配和酒水卖场采用靠墙多层货架。中岛由平柜、平台、圆桌、半多层货架等器材组合而成，很有特点。

整体布局仿佛集市，笔者多次前往调查后仍难以记住。

评价：异形布局，在日本很少见。

[①] 八百幸：前身为 1890 年创立的果蔬商"八百幸商店"，1974 年更名为株式会社 YAOKO，是日本关东地区的超市连锁店。

（4）阪急绿洲①箕面船场店（价值导向型）

单层建筑，卖场面积424坪。生鲜食品的四个部门为港湾式布局。加工食品、日配和酒水卖场为直线型布局。因强化生鲜食品，加工食品等卖场被压缩，整体印象类似集市型布局。沿主通道设置的平柜等器材的高度较低，424坪的卖场看上去宽敞。生鲜食品的各部门由靠墙的多层货架和平柜、平台组成，在商品价值的展示和宣传方法上下了功夫。

评价：布局略显异形，应属于当代版基本布局。

（5）鲜Do! Every②海田店（低价导向型→价值导向型）

单层建筑，卖场面积367坪。布局基本为コ形，依次为果蔬、肉类、鲜鱼、熟食（含面包房）。中岛由加工食品、日配、酒水组成，直线型布局。主通道狭窄，但就店铺规模而言较多使用了平台和平柜，一目了然地陈列出特选商品和低价商品。布局虽然简单，但在各处试吃专区、店员的吆喝声和面对面的待客等软件方面下的功夫令人感受到集市的风格。

评价：传统的基本布局，在软件方面下功夫营造出集市风格。

---

① 阪急绿洲：由 H_2O 零售集团运营的连锁超市，店铺开设在日本近畿地区阪急电铁公司的铁路沿线。

② 鲜 Do! Every 是 Every 公司旗下的超市品牌。Every 公司总部位于广岛县福山市，主要经营食品超市。

以上只是对五家公司的五家店铺的分析。但从中可以看出，异形布局多见于生活提案型和价值导向型店铺，其他类型的店铺多采用基本布局。

鉴于今后生活提案型店铺预计将增多，有必要对异形布局的定义和意义加以明确。

5 异形布局亦应有基本原则

我们从前辈们那里继承了"基本布局",一直将之视为理所当然的事物。直到现在,笔者仍认为基本布局蕴含的基本思路没有错。但是,在成长经济转为成熟经济,供给大于需求的时代,不把发展方向从卖方市场转换到买方市场就无法生存。

笔者始终强调:"理论是对当时的数据和事实的积累、体系化,只适用于当时。"话虽这么说,但对以往的理论也不能全盘否定。近来"去连锁化①"的呼声甚为喧嚣,但这呼声是有一定道理的。在数据和事实已经明显发生变化的情况下,如果不老老实实地对理论进行修改或调整,理论将不能适用于现实世界。同理,适用于当今时代的基本布局理论也是可以有的。笔者将以第 3 节"什么是好的布局"中的"从顾客的视角出发""从卖场员工的立场出发"和"从生意(店铺和企

---

① "去连锁化"指的是总部下放采购权,门店自主管理采销,以此提高连锁店的业绩。成功案例有低价连锁超市唐吉诃德和服饰连锁店优衣库。日本连锁店企业长期奉行的总部集权、统一管理的原则造成店铺的积极性被压制等弊端。"去连锁化"就是针对这一弊端进行的改革尝试。

业)的观点出发"为基本思路,总结出当代版的基本布局理论。

①明确企业和店铺的发展方向

要确定并确认自身企业(店铺)是超市中做什么生意的,是综合商超中做什么生意的,是药妆店中做什么生意的。

布局要根据发展方向而改变。以货架的排列长度为例,低价导向型超市需要的是低成本的店铺建设和低成本运营,所以长度是 20 米,减少耗费工时的端架和平台。提供便利型超市的货架排列长度标准为 10 米,生活提案性超市为 6 米(需要留出展示空间)。货架排列并非越长越好,如果同一商品群不集中归置,顾客在寻找商品时会感到困惑。迄今在探讨发展方向时,人们往往不思考定位和目的,不考虑行业形态便断言"应该如此"。

资料 3 是月刊杂志《商人舍》2015 年 9 月号上刊登的"八百幸的店铺(企业)的变化与其他企业(新店)的定位"。按照笔者个人的区分,八百幸在 1997 年以前是提供便利型超市,1998 年起改为生活提案型,2013 年起在购物中心内开的店,以及新开的战略性店铺已经走上了价值导向型的道路。

资料3　八百幸的店铺（企业）的变化与其他企业（新店）的定位

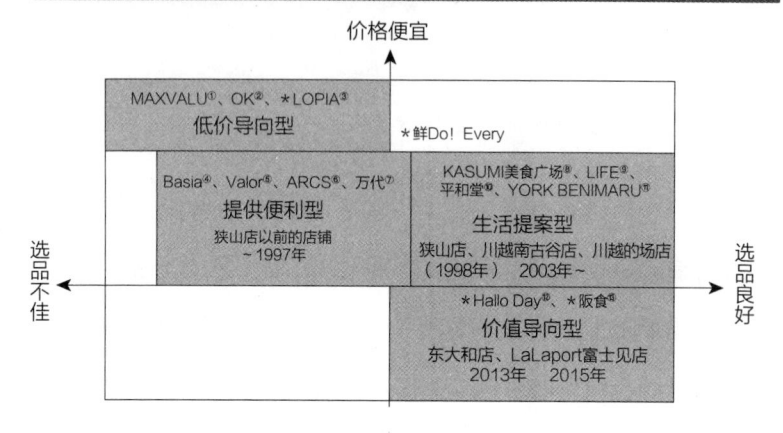

```
                       价格便宜
                         ↑
   ┌─────────────────────┼─────────────────────┐
   │ MAXVALU①、OK②、＊LOPIA③                    │
   │     低价导向型         ＊鲜Do! Every         │
   │                                            │
   │      Basia④、Valor⑤、ARCS⑥、万代⑦          │
   │                      KASUMI美食广场⑧、LIFE⑨  │
   │         提供便利型    平和堂⑩、YORK BENIMARU⑪│
   │      狭山店以前的店铺      生活提案型          │
选品   │          ～1997年     狭山店、川越南古谷店、川越的场店    选品
不佳 ←─┤                    （1998年）  2003年～   ├─→ 良好
   │                                            │
   │                     ＊Hallo Day⑫、＊阪食⑬   │
   │                        价值导向型           │
   │                     东大和店、LaLaport富士见店│
   │                        2013年    2015年    │
   └─────────────────────┼─────────────────────┘
                         ↓
                       价格昂贵
```

① MAXVALU：永旺集团旗下的连锁超市，第一家店铺于1994年10月开业，主要经营食品。

② OK：总部位于横滨市的折扣连锁超市，在日本关东地区经营店铺。

③ LOPIA：总部位于日本神奈川县川崎市的食品超市连锁店。公司名称源于Low Price Utopia——低价乌托邦。

④ Basia：总部位于群马县前桥市的连锁超市，主要在东日本地区经营店铺。

⑤ Valor：总部位于日本岐阜县多治见市的低价连锁超市。

⑥ ARCS：总部位于日本北海道札幌市的连锁超市。

⑦ 万代：总部位于日本大阪府东大阪市的连锁超市。

⑧ KASUMI美食广场：永旺集团旗下KASUMI公司经营的食品超市连锁店。

⑨ LIFE：LIFE公司运营的连锁超市。

⑩ 平和堂：总部位于滋贺县彦根市的连锁超市，在中国湖南省长沙市和株洲市开设有店铺。

⑪ YORK BENIMARU：总部位于日本福岛县郡山市的连锁超市，是柒和伊控股集团的全资子公司。

⑫ Hallo Day：总部位于日本福冈县北九州市的连锁超市。

⑬ 阪食：H_2O零售集团旗下的连锁超市。

笔者再次建议，确认自身企业（店铺）的定位，要对比自身与相同定位企业的店铺布局，在脑海中构思店铺形象。如果想象与定位不符，就不要赶时髦去模仿。

②在企划等软件方面加以充实（包括52周MD）

在异形布局中，平柜、平台和半多层货架等器材的使用将增多。这些器材因营造出的集市风格和便于顾客边逛、边选、边买而受到许多人的好评，但就卖场面积的使用效率而言，并不一定高于多层货架。这些器材在面向主通道的情况下的确能够很好地吸引顾客，除此之外会造成销售额下降。

如果只是过多地执着于外形（硬件），没有促销、主题活动、低价商品、特选商品、提案推荐等企划，或是这方面的表现不强，销售额就不会提高。卖场随大溜的话，多层货架的效率更高。笔者以前就说过，陈列冷冻食品时，多层立式冷柜（包括冷藏柜）的效率是平柜的1.5倍。

新店开业后的一个月左右内，在总部的全面支援下，企划能吸引大量顾客。一旦进入正常状态，平柜和平台往往马上就失去了魅力。也就是说，企划不足会导致销售额下降。

③进一步强化视觉营销等店铺运营

顾客买的是商品、服务和店铺的氛围，而不是建筑物和设备。在什么地方陈列商品，在什么地方进行展示，与直线型布局相比，异形布局显然更需要建立适当的作业机制。必须把吸引顾客的磁石性商品摆放在通道尽头（第二磁石点）和醒目场所（第三磁石点），通过布置和运作来引导顾客逛遍全店。

以日用杂货卖场的陶瓷器为例，不要只是摆在货架上，还可以随意堆放在平台上，让顾客感受刚出窑的温度，同时利用POP广告介绍类似的商品。运用巧智吸引顾客回到该商品的常规陈列区域。

资料4是药妆店的常规陈列与非常规陈列的衔接范例。常规陈列为单品陈列（IP, Item Presentation），非常规陈列为要点陈列（PP, Point of Presentation）和视觉展示（VP, Visual Presentation）。在例a中，IP与PP靠得较近，而在例b中，IP与PP、VP相距过远，可能导致顾客还没走进里面就结束购物。

唐吉诃德被称为压缩陈列等异形布局的化身，但其店铺内通道的尽头一定摆放有磁石性商品，旁边就是常规卖场。这就是"IP>PP>VP的原则"（参考第六章第5节）。此外，唐吉诃德的陈列线虽然较高，但能让顾客知道最里面有什么。这就是"立体陈列原则"。唐吉诃德即便采用异形布局，也自有其规则。

第 5 章 | 店铺布局与店铺建设

资料4　常规陈列（IP）与非常规陈列（PP、VP）衔接范例

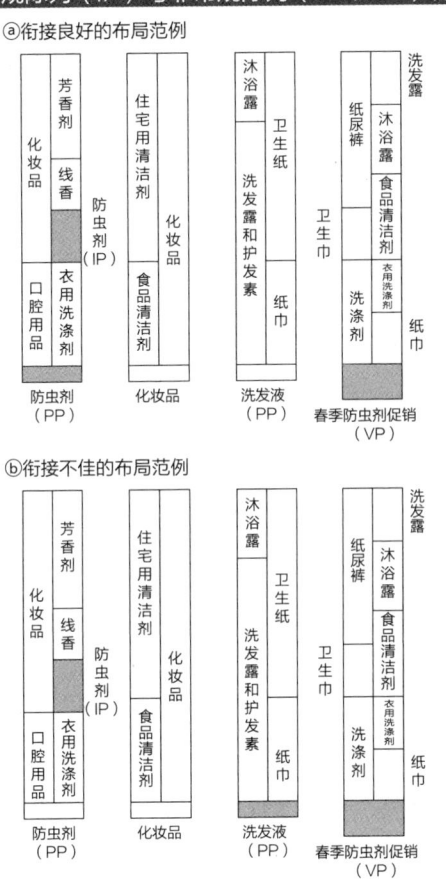

ⓐ衔接良好的布局范例

| 化妆品 | 芳香剂 / 线香 / 防虫剂（IP） / 衣用洗涤剂 / 口腔用品 | 住宅用清洁剂 / 化妆品 / 食品清洁剂 | 沐浴露 / 卫生纸 / 洗发露和护发素 / 纸巾 | 卫生巾 | 洗发露 / 纸尿裤 / 沐浴露 / 食品清洁剂 / 衣用洗涤剂 / 洗涤剂 / 纸巾 |

防虫剂（PP）　　化妆品　　洗发液（PP）　　春季防虫剂促销（VP）

ⓑ衔接不佳的布局范例

| 化妆品 | 芳香剂 / 线香 / 防虫剂（IP） / 衣用洗涤剂 / 口腔用品 | 住宅用清洁剂 / 化妆品 / 食品清洁剂 | 沐浴露 / 卫生纸 / 洗发露和护发素 / 纸巾 | 卫生巾 | 洗发露 / 纸尿裤 / 沐浴露 / 食品清洁剂 / 衣用洗涤剂 / 洗涤剂 / 纸巾 |

防虫剂（PP）　　化妆品　　洗发液（PP）　　春季防虫剂促销（VP）

从这个视角去观察，可以对唐吉诃德的窍门了如指掌。

6 与时俱进的店铺建设中应该注意什么

人们对异形布局的印象是成本较高，不容易运作。我们要做的不仅是解决这些烦恼，还要设想到未来的环境变化，提前采取行动。

①经常性的人手不足

好不容易设置了现烤披萨饼专区，有售货员接待顾客的高级冷冻食品卖场、饮料吧，但过了几个月后就变成了无人销售。这样的例子笔者见过许多。即便在店铺理念中提出了现场销售和现场演示，实施次数也因人手不足而减少。卖场显得空空荡荡，感觉格外萧条。成为能吸引人才纷至沓来的有魅力的企业自然是人之所愿，但想要实现是需要时间的。

整合耗费人工的卖场，采用集中收银方式，这些都是解决人手不足问题所需要的。导入自助结账系统或自动收银机也是办法。此外还必须考虑通过设置简单易懂的商品说明 POP 广告等措施，使店铺向自助服务更彻底的专卖店转型。

② 老年人顾客的增加

有的老年人虽然健康，但视力和感觉与年轻人不同。

笔者曾醉心于美国百货店那样的照明方式，店内整体照度较低，把商品映照得明亮，但现在年纪大了就感觉灯光昏暗，看不清商品。以前笔者最重视的是商品，认为没有 POP 广告也不成问题，但现在如果商品旁边没有大点的 POP 广告就难以购物。

曾经以为短的货架排列富于变化，更有趣味，现在觉得使用长货架排列可以把同一商品群和关联商品集中陈列，便于购物。笔者还曾深入研究过按照生活方式给商品分类的方法，并提出了方案，但由于组织的管理分类没有跟进，维持起来非常困难。如今笔者觉得不需要按照用途区分罐头，集中在一起陈列更便于寻找商品。现在笔者想要购买格兰诺拉麦片①时自然而然就会走进面包卖场。

说了这么多个人感受，深感惶恐，但现在笔者越来越喜欢"简单最好"。

---

① 格兰诺拉麦片：Granola，一种即食产品，由多种坚果、果干和滚压燕麦烘焙而成。

③应对低价化

虽然出现了高质量、高价格的轻奢消费动向,但低价化消费依然是主流。顾客当然追求与价格相匹配的价值(物超所值、性价比)。重视店内的造型和设计,就会增加初期投入,维护成本也会随之走高。成本的增加导致盈亏平衡点销售额上升,给卖场和店铺造成负担。

什么样的布局才能应对商品和卖场的变化,有助于提高销售额,使作业变得简单,有利于防止损失,这是必须思考的问题。

资料 5 是对店内器材和装修低成本化方法的总结。虽然没有直接的衔接性,但就思路及软件与硬件的配合的重要性而言,这份总结间接提出了完全符合店铺建设和布局设计应遵守的原则。

第 5 章 | 店铺布局与店铺建设

资料5　店铺建设的基本思路（器材）

什么是低成本	什么是提高品位	模块化与使用现有产品
①极致的器材无限接近于空气般的无形状态，即顾客只注意到了商品。 ⇒构件轻、薄、短、小。 ②不让顾客看出低成本。 ⇒看上去廉价是没用心，关键是要能显示出高品位。 内装色调与灯光的搭配。 ③通过软件与硬件的配合降低总成本。 ⇒设计、外包、施工以及货架层数变更需要商品、建设和销售等部门合作。	①优先考虑"方便看""方便选""方便拿"的功能性。 ⇒器材是商品的衬托。 ②不使卖场垮掉。 ⇒始终保持新店开业时卖场的美观。 ⇒根据卖场移动情况灵活改变器材及部件。 ③建立VMD（视觉营销体系）。 ⇒让顾客想要购买的商品在顾客想要购买的时候就已经被陈列在顾客容易明白的地方。	①压缩器材的种类。 ⇒系统器材与大多数定制器材的混用不但互换性差，还会拉低品位。 ②不制作尺寸、形状、高度、横宽等规格特殊的异形器材。 ⇒异形器材会增加成本且缺乏互换性和应用性。 ③不使用与衬托商品效果相反的材料和设计。 ⇒对无用的装饰、材料的滥用、忽视功能的设计加以修改。

↓

能让顾客感受到商品价值的器材	方便店铺使用的器材	能为公司带来盈利的器材
①能一目了然地看出商品价值的差异。 ▷甩卖商品 　使用挂钩+挂架。 ▷量贩商品 　使用系统器材+挂架。 ▷高价商品 　使用升级过部件的系统器材。 ②容易看、容易选、容易拿、容易放回。 ▷不使用玻璃柜 →只使用开放式器材。 ▷陈列线高度控制在视线高度以下。 （食品器材1500mm/服装器材1350mm/家居相关用品1500mm以下） 用VMD来传达商品的"乐趣"。	①方便安装和变动 ▷采用可通用的模块，实行部件标准化。 ②卖场改变后不破坏形象 ▷统一每层卖场（每家门店）的器材高度。 ③方便作业 ▷折叠陈列不如挂钩陈列。 ▷挂架和货架便于移动。 ▷无需专业人士操作，能让销售员不耗时耗资就可以简单愉快地进行VMD的器材。	①低成本 ▷杜绝用不着的冷藏柜。 ▷杜绝比商品抢眼的器材。 ▷杜绝不必要的店内用品。 ▷杜绝不能应对卖场变化和商品变更的器材。 ②防止损失 ▷探讨适合商品陈列量的货架纵深 →防止库存损失。 ▷器材本体高度在视线高度以下 →防止库存损失。 ▷探讨适合商品陈列排面的模块化货架和挂架的宽度。 ③有助于提高销售额 ▷可全年进行VMD的器材→桌子、展示台、单钩挂架。 ▷探讨建立VMD体系 →设计视觉展示点（VP）+要点展示点（PP）+单品展示点（IP）的布局和相应的器材。

165

第 6 章

展 示

销售、展示及宣传的技术体系

展示是企业的形象战略

笔者把 Presentation 简单易懂地翻译为"销售方式、展示方式和传达方式"。

准确地说,实现企业理念需要有商品计划,销售商品需要有销售计划。为了把企业理念和商品传递给顾客,就需要有促销计划并在卖场落实。这一流程的核心就是展示。

许多人以为有了大量陈列和关联陈列,再加上向顾客介绍商品的价值、用途和购买后益处的 POP 广告就是展示了。

展示必须准确表达出企业的政策和理念,否则只不过是销售手段之一。在当今时代,要把展示视为企业的形象战略。这正是工程再造战略的表达技术。

1 展示与促销的区别

根据商业界①出版的《商业用语事典》,"展示"的定义是:"零售业内卖场或商品的诉求方式。从直接进行销售诉求到营造视觉氛围进行形象诉求,方法千差万别。"

与展示意思相近的是视觉营销(VMD)。

日本 VMD 协会对视觉营销的定义是:"正如字面上的意思,是商品营销规划的视觉化,是为了表现出企业的独特性,彰显与其他企业的差异,在流通现场对以商品为首的全部视觉要素进行展现和管理的活动。"

促销就是在店内开展的"全方位的销售促进办法",零售业使用的术语是"店内促销"。

促销的意思是"为吸引顾客的眼球而在店内进行的销售活动,包括设置精心制作的 POP 广告、在卖场的展现、在大促专区的推介、买赠、试吃、菜单推荐、关联陈列等"。店内

---

① 商业界是日本一家专门出版零售业和流通业相关书籍的出版社,成立于 1948 年,2020 年破产。

的导购和散发传单广告、店内广播、面对面销售、待客（友好型服务）也是有效的促销办法。这也与展示相似。

顺便提一下店内促销和店外促销的区别。店外促销指的是运用电视等媒体，在店铺外，面向不特定人群，开展促进销售的活动。

对上述内容进行梳理后，可以把展示在门店（卖场）的意义归纳为以下3点。

①最大限度地表现出商品价值，即商品至上主义。
②向顾客传达店铺形象，即顾客至上主义。
③让顾客能浏览到店内全部商品，即卖场至上主义。

而对于企业整体而言，展示的意义有以下3点。

①为了最大限度地表现出商品所拥有的价值，提升门店的价值。
②为了售出更多商品，提高销售额（毛利润额）。
③提升企业形象和企业的价值。

展示即是企业的形象战略。如此说来，展示的思路应该因企业和店铺而异，也应该因定位不同而变化。

资料1是向顾客传达店铺形象的展示流程图，揭示了从用产品传达企业形象到用商品传达店铺形象的过程变化。

资料1　向顾客传达店铺形象的展示流程图

```
                市场消费者                      店铺理念（采购政策）
                   ↓ 信息                           ↓ 下单
企业理念  →想法→  产　品  →企业形象→  商　品  →店铺形象→  顾　客
                                 （CI）                （CI）
                   ↑ 技术                          ↑ 要求和愿望
                  工　厂                         卖场的声音
```

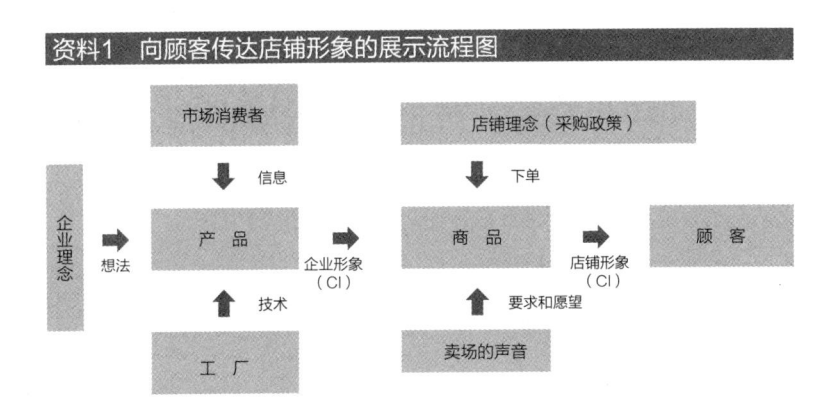

② "售卖"与"营销"的促销区别

在以往的连锁店理论中，促销作为"商略（生意上的策略）"一直是被批判的对象。有人甚至主张"不应该去售卖，而是想办法让商品自己卖出去"。笔者不赞成"生意上的策略"这个说法，但认为"售卖"与"营销"的差异关乎连锁店的根本理念。

例如在鲜鱼卖场，是应该对眼前的顾客说"今天的鳕鱼很肥，做涮锅会非常好吃"，还是应该不说话，把宣传内容写在POP广告上？当时笔者因思考这两种促销方式的差异而深深苦恼，现在回想起来当时的这个苦恼，觉得脸红。只有在了解一线的事实后才能作出选择。毋庸赘言，POP广告和待客都重要。

不妨予以"促销"现实性的解释。所谓"售卖"，可以理解为拍手吆喝叫卖，但要注意两点。一是主力商品的中心（价格、尺寸、单品、品牌）要丰富，二是及时推出当下畅销的商品即重点商品。

能安安静静、干干净净把东西卖出去毕竟不是坏事,可以把"营销"理解成让顾客不询问店员也能顺利购物而做的前期准备。这也是自助服务所追求的目标。如此解释无涉理论,自然能被人们接受。

作为"售卖"这一行为之象征的"待客",也曾经被那些追求自助服务的店铺忌讳。

如今已从成长经济时代(能卖出去的时代)进入成熟经济时代(不容易卖出去的时代),"待客"的意思发生了变化。

据某化妆品厂商调查,顾客对待客抱有两个期待。一是能让顾客自由自在地浏览(自助服务),二是在顾客遇到困难时能提供咨询服务(待客)。

由此可以看出,自助服务与待客并不互相排斥,两者都是顾客所需要的。

3 展示的五个步骤

怎么做才能进行有效的展示？人们往往会贸然给出以下答案：在高峰时段提供试吃，令人愉快地待客，把顾客想知道的信息写在场景 POP 上等。这些答案真的正确吗？今后会面临常态化的人手不足，削减成本将是必须解决的问题，展示也将理所当然地追求性价比。该怎么办？以下是应采取的 5 个步骤。

第 1 步　了解并确认自身公司（店铺）的定位

定位就是给自身公司（店铺）"要做什么生意"指出方向。例如之前笔者按照业务形态给超市划分出的四个类型：低价导向型、提供便利型、生活提案型、价值导向型。

由于展示方式因业态和企业而异，有必要把定位"可视化"。现实中许多企业的定位仅限于创始人的理念或"服务社会"之类的抽象表述。

第 2 步　制定本周的商品（服务）计划

什么商品能卖出去，顾客对什么商品有需求，目前的热门商品有哪些？简而言之，这些问题决定了要制定什么样的商品（服务）计划。为什么要限定在本周？因为顾客的生活周期就是一个星期，计划要尽可能贴近顾客。商品（服务）也是有寿命的，在其导入期（介绍期）、成长期（扩大销售期）、衰退期（处理期），计划会相应地改变。

例如涮锅商品会每周一次摆上餐桌，在涮锅的季节中一直持续。在日本关东地区，涮锅的季节长达 19 个星期。然而 POP 广告上却写着"今晚吃涮锅"。这合适吗？大肆使用 POP 广告是为了削减成本，这是可以理解的。但是，在顾客因不知道吃什么好而烦恼时，店铺必须给出牡蛎砂锅、有益于健康的豆奶锅等"今晚吃什么涮锅"的菜单推荐。

所谓"一年 52 周销售计划"就是为了在①能卖出去（能赚钱）的时候把②能卖出去（能赚钱）的商品③面向想要购买的人④全部销售出去（卖了赚钱）而制定的计划。

第 3 步　制定本周的销售计划

销售计划就是确定现在卖什么、推荐什么、如何向顾客传达。资料 2 是对"以往的销售计划与今后的销售计划"的总

资料2 什么是"一年52周销售计划"

将"企业（店铺）出于自身方便而制定的计划"改为"基于顾客生活感受的一年52周销售计划"

	以往的销售计划	今后的销售计划
主 题	●以季节和每月的活动为核心	●根据一年52周的销售计划选择主题（以顾客的生活主题为核心）
时间及期限	●各业态、各店铺同时实施（没有显示出门店的个性以及与竞争对手的差异） ●根据门店的方便（结算或处理库存）而实施	●在能卖出去的时候（顾客有需求、兴趣旺盛的时候、有需求支撑的时候）实施
次 数	●少 ＊有很多徒有其名的降价甩卖，实际降价的并不多	●多 ＊无论何时到店，都有相应的主题和卖场打造
商 品	●总是主推同样的商品 ●推的都是单品，相互没有关联 ●门店出于各自的考量自己选择商品	●根据销售计划主题选择的商品（实际需求期内的商品） ●重点商品及关联商品 ●顾客正在寻找（现在就想要）的商品
顾客群体	●所有顾客（目标顾客不明确）	●目标顾客（想买的人）
销售方式	●主打价格 ●商品堆积如山 ●降价传单广告	●生活（活动）提案 ●VMD（视觉营销）以及与关联商品搭配陈列 ●写有生活提案（捕捉到生活关注点）的POP广告
目 标	●凭直觉设定目标	●根据上一年每种商品、每个星期的实际数据（实需矩阵）设定目标 ●根据商圈的市场规模和实需预测设定高精度目标
盈 利	●利润率低	●利润率高
管 理	●有始无终	●效果的要因分析 ●积累经验 ●管理人（责任人）可进行检查

所谓"一年52周销售计划"就是为了在①能卖出去（能赚钱）的时候把②能卖出去（能赚钱）的商品③面向想要购买的人④全部销售出去（卖了赚钱）而制定的计划。

结。根据主题、实施的时间与期限、目标顾客和商品的不同，展示要随之变化。这直接关系到盈利表现。

销售计划的目的是在①能卖出去（能赚钱）的时候把②

第 6 章 | 展　示

能卖出去（能赚钱）的商品和服务向③想要购买的人④全部销售出去、传达出去（卖了赚钱）。

很多人把展示认为是创意，但如果不建立起能持续发挥创意的机制，结果只能是几十年都苦恼于如何开展 POP 广告竞争，最终被 POP 广告的洪水淹没。

第 4 步　制定本周的促销计划

构成促销计划的代表性要素有传单广告、促销活动、POP广告等。这些要素包含在展示之中。

促销计划的目的是把商品计划和销售计划传达给顾客，其作用不仅仅是吸引顾客。由于误认为促销计划就是为了"集客"，在宣传中容易使用极端的表述方式。许多顾客正因为相信过度的广告宣传而在进店后大失所望。这种虚假广告会损害企业的形象、口碑乃至销售额。

第 5 步　制定本周的卖场展现计划

卖场展现计划的众多内容都是展示。从商品陈列开始，通过演绎布置、POP 广告、试吃、菜单推荐、关联陈列、协调搭配等推动销售。营销的巧智之多，不胜枚举。我们应该这么想：厂家不会生产卖不出去的东西，产地人员不会去收购卖不出去的东西，采购员也不会采购卖不出去的东西。所以，店铺

177

内陈列的商品虽然销售行情会有不同，但都是能卖出去的商品。

如果商品卖不出去，那就应该从门店的销售、展现、传达（展示）的方式中寻找不足。这样的思路才能切实提高一线能力。

资料 3 是展示的流程图。在考虑异形陈列和 POP 广告之前，先思考要卖给谁、卖什么、为什么卖、在什么时候卖、在什么地方卖、如何卖、价格是多少（Who、What、Why、

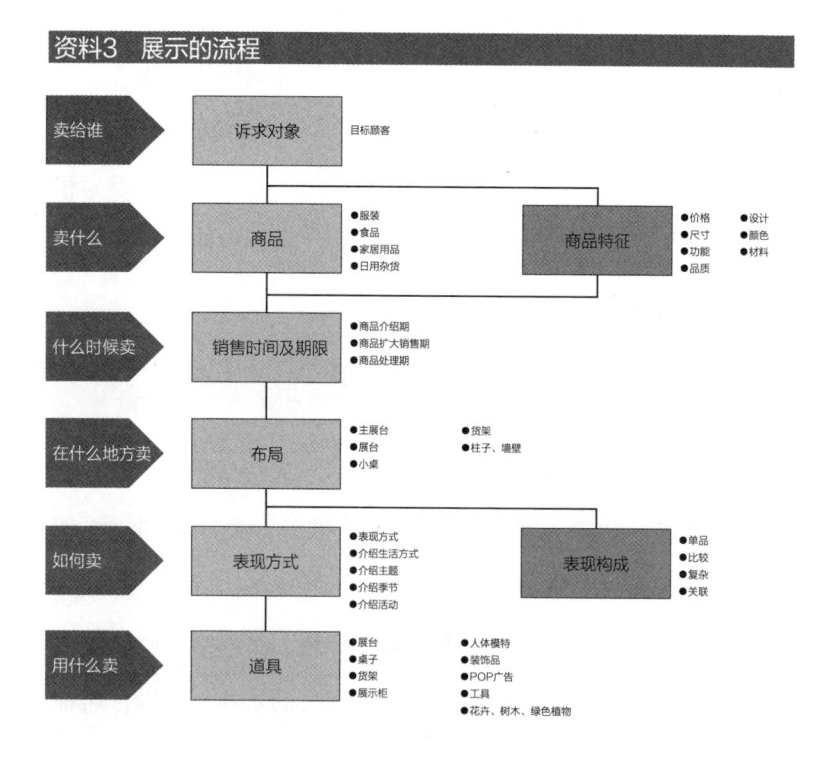

资料3　展示的流程

卖给谁	诉求对象	●目标顾客			
卖什么	商品	●服装 ●食品 ●家居用品 ●日用杂货	商品特征	●价格 ●尺寸 ●功能 ●品质	●设计 ●颜色 ●材料
什么时候卖	销售时间及期限	●商品介绍期 ●商品扩大销售期 ●商品处理期			
在什么地方卖	布局	●主展台 ●展台 ●小桌	●货架 ●柱子、墙壁		
如何卖	表现方式	●表现方式 ●介绍生活方式 ●介绍主题 ●介绍季节 ●介绍活动	表现构成	●单品 ●比较 ●复杂 ●关联	
用什么卖	道具	●展台 ●桌子 ●货架 ●展示柜	●人体模特 ●装饰品 ●POP广告 ●工具 ●花卉、树木、绿色植物		

178

When、Where、How to、How much，5W2H）以及用什么卖。如果忘了这一流程，无论身在哪种业态，结果都可能是苦于寻找创意或只流于模仿。

4 顾客视角与促销的根本及改革办法

从顾客的视角来看，展示的作用有 6 点。

①任何时候都能放心购买经常买的商品。

②能找到现在想要的商品。

③可以按照需要的量购买商品。

④能够马上找到传单广告上的商品。

⑤眼前能浮现出今晚吃什么的提示。

⑥走进卖场就感到兴奋（不知不觉地就买了）。

下面对这 6 点进行详细解读。

①在有关顾客进店理由的调查中，"距离近，购物方便"肯定排在第一位。这个回答的内涵不单是"离家近"。"离家近"还包含了因肯定能买到经常买的商品而感到放心的意思。此外，不管价格如何便宜，如果商品所在的场所难以引人注意，陈列位置不容易找到，或者陈列数量（排面数）少，顾客就不会感到放心，不能安然地购物。

②实施动线调查后会发现，顾客没有把卖场都逛遍，或者已经走到了货架跟前却仍在寻找商品。其原因有陈列位置过高或过低，POP 广告不醒目等。

③顾客中有独居的人，也有要养活一大家子的父亲和母亲，有老人也有年轻人。每位顾客需要的商品量都不同，各有其标准。

④有调查结果显示，购物时利用传单广告的顾客约占半数。但是，有关找不到传单广告上的商品，或是店员不知道传单广告商品内容的投诉依然存在。究其原因，仍是陈列的场所、位置、数量（排面数）、POP 广告等出现了问题。

⑤在有关顾客，特别是家庭主妇的烦恼的调查结果中，"不知道今晚做什么菜好"超过了 80%。这说明店铺在菜单推荐和关联陈列方面下的功夫还不够。

寻找新商品或热门商品，买到了超特价商品，在试吃专区品尝了商品，通过 POP 广告了解到了商品的特征……在店铺和卖场可以有各种体验，使购物充满快乐。

某家超市不马上把滞销商品撤出卖场。这家店不单纯依据数据分析判断是否下架商品，而是鼓励店员对商品的陈列场所、特征和价格是否存在问题进行确认。

需要确认的有：

A 顾客是否因为不知道商品所在场所而没有购买。

B 顾客是否因为不十分了解商品特征而没有购买。

C 顾客是否因为商品价格高而没有购买。

针对 A，可以尝试改变商品陈列的位置，例如从货架的上层移到方便拿取的下层等，或是多点陈列。

针对 B，可以采取的措施有和顾客打招呼，提供试吃，推荐菜单。需要注意的是试吃，应该在高峰时段由店员招待顾客品尝。

针对 C，可以采取限时降价，用 POP 广告强调优惠内容，用店内广播加以宣传。

以上所说的是促销的基本做法。但是以为只要把商品高高堆积起来就万事大吉，装饰品比商品还醒目，POP 广告遮盖了商品，制作了文字过小而看不清楚的场景 POP 等，诸如此类的情况在现实中依旧存在。

促销是很重要，但必须建立起能够以低成本（性价比）持续进行的机制。遗憾的是，零售行业过于被一时的风潮所左右。

5 展示的五个重要基本原则

成为热门话题的交叉 MD（Cross Merchandising）与关联陈列有何不同？首先企业应当梳理关联陈列术语，从让一线不感到吃力、任何人都足以胜任的角度出发，建立能持续的机制。

下面介绍笔者思考出的五个原则。

(1) IP>PP>VP 的原则

常规展示要优先于非常规展示。我们总是倾向于在店铺的入口等处、在常规陈列区域以外拓展陈列。其实首先应下功夫把顾客吸引到常规陈列区域。

卖场按照目的大致可分为三个区。

第一是 VP（视觉展示）区。

第二是 PP（要点展示）区。

第三是 IP（单品展示）区。

之前已经说过，VP 和 PP 是非常规展示，IP 是常规展示。

VP 是展示重点主题来进行销售的地方。

PP 是展示重点商品来进行销售的地方。

IP 是展示一件件商品来进行销售的地方。

如此解释应该能让人容易明白（参考资料4）。

资料4　IP＞PP＞VP的原则

①在布局上

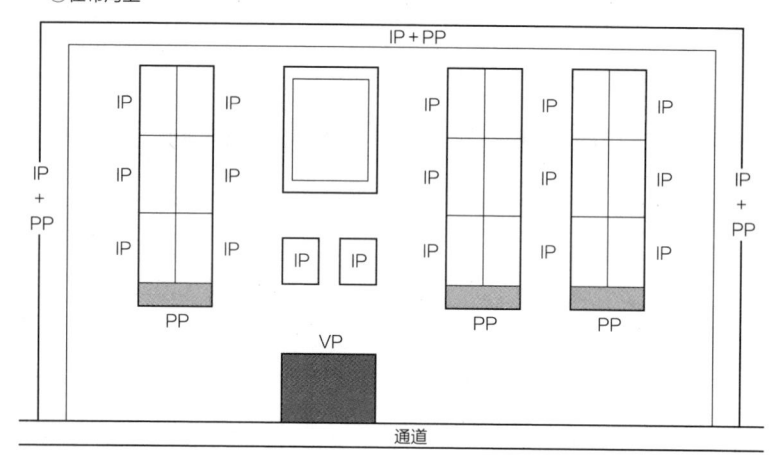

②在销售空间上

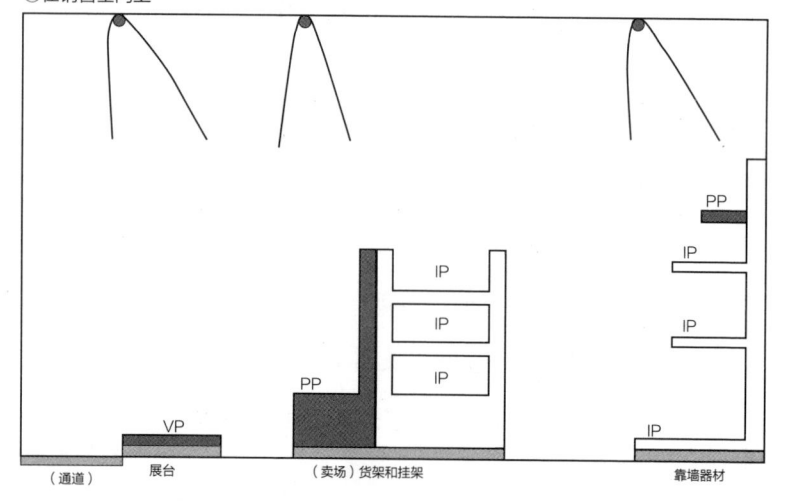

第6章 展　示

　　VP 是吸引顾客前往 PP 的路标，PP 是引导顾客进入最要紧的 IP 的路标。

　　这就是 IP>PP>VP 的原则。

　　VP 区内有平台、平柜、特设专区等。由于展示空间宽敞，单靠一个部门的重点商品不能达到足够的陈列量，宜与其他部门联合陈列（集体展示）。这种情况下需要有共同的主题。

　　PP 的区域由端架和小桌子等组成。

　　IP 意味着常规商品的陈列区。IP 区的陈列要求便于顾客看到、触摸、选择、取出和放回商品。这里醒目的是黄金陈列线。根据顾客身高的不同，黄金陈列线的高度有若干差异，一般指距地面 60 厘米至 120 厘米的区间。

　　在靠墙陈列的地方，顾客伸手够得着的高度以下是 IP，这一高度之上是 PP。可以从 IP 中把现在想要销售的重点商品放到 PP 陈列，使其从远处看上去醒目。

　　综上所述，在决定了重点商品之后，首先要考虑的不应该是 VP 或 PP 等醒目的地方，而是动脑筋在 IP 中寻找陈列位置，思考采用什么样的排面。如果想要卖出更多，可以在端架或小桌子（PP）上追加陈列。如果想进一步提高销量，可以特别设置专区或展位（VP），也可以与其他部门携手在共同的主题下联合陈列。

(2) 菜单推荐的原则

现在越来越多的店铺设置了厨房援助柜台，向顾客提供菜单推荐服务。但是由于需要人工费和材料费，并不是每家店都能这么做。要想毫不费力地把这项服务做下去，应该在各卖场把推荐对象限定在使用重点商品的菜单。

① 制作简单的菜肴样品

把推荐的菜单限定在能用重点商品简单制作的菜肴。电视台有"3分钟烹饪"节目。由于顾客在店内停留的时间趋于减少，所以不要推荐过于复杂、费时费力的菜肴。

② 准备食谱

要准备推荐菜肴制作方法的说明书。虽然市面上有许多食谱书，有的企业还与烹饪专家签了约，但使用现有的食谱更方便。店铺的临时工把自己的原创食谱打印出来备用，这样的情况也是有的。

③ 关联商品的每种单品要陈列10个以上

为了引发顾客对尝试制作菜肴的兴趣，并让购物更省心省力，在采取上述两项措施的同时陈列关联商品会取得很好的效果。是否持续提供菜单推荐服务，取决于这项服务能否拉动销售。

(3) 试吃的原则

即便知道试吃的重要性，有的卖场却没有开展。Summit

超市因设置"请您品尝"专区而受到好评,但考虑到成本问题,并不是每家店铺都有这个能力。要想使试吃专区维持下去,需要遵守以下原则。

①制定商品的选择标准

并不是什么商品都能拿来试吃。试吃商品要限定在"应时""新品""珍稀"和"C级"。应时是应季商品,新品是新推出的商品,珍稀是少见的商品。C级指的是ABC分析里的C类商品,即所谓的滞销商品。实际上很多情况下C级商品卖不出去是因为没有被注意到。

②确定提供试吃的时间

要确定是从开始营业到打烊全天提供试吃,还是只在白天和傍晚的高峰时段提供。有的店铺在顾客稍有饥饿感的时段(正午前、下午3点左右、傍晚6点左右等)提供试吃。这是因为肚子饿时吃东西会感觉更美味。

③思考提供试吃的方式

试吃的提供方式分为"有人"和"无人"两种。"有人"虽然需要人工费,但效果据说是"无人"的两倍以上。"无人"无需人工费,只在补充商品时需要人工作业,但如果不注意维护,试吃台或其周围有可能被弄脏。

(4) POP广告的设置原则

POP广告是很重要,但如果泛滥成POP洪水(POP公害），那就是本末倒置了。在设置POP广告时，必须遵守以下原则。

①让商品说话。如果能做到这一点，就不需要设置POP广告（价格牌当然必不可少）。

②只有商品自身不能表达的内容，才设置POP广告。POP广告的适用对象包括传单广告商品、新商品、热门商品、增量商品等。

③要设置能让好商品看上去更好，便宜商品看上去更便宜的POP广告。

所谓好商品，指的是具有价格之外的优势的商品，诸如特选商品或特征明显不同以往的商品等。

资料5是对POP广告基本思路的总结。

最为重要的是让商品自身表达出卖点，忠实地展现商品的特征、面貌和形态，或是让顾客看到商品包装的正面。

通过前位陈列原则突出商品的量感，或是扩大排面数，让不引人注意的商品变得醒目。两个排面的商品因卖不出去而缩小为一个排面的例子很常见。现实中也有相反的例子，索性把排面扩大到三个以上后商品反而能卖出去。

情感型POP广告的增多不但不能传达商品的价值，反而显得杂乱无章，让商品看上去掉价。

资料5　POP广告的基本思路

店内设置POP广告的目的是向顾客有效地介绍商品，传达与商品有关的特征和信息，由此获得顾客的共鸣，促进购买动机。

卖点的表达的方式

①用商品自身表达卖点

◆信息的表达　…　时尚性（设计、色调、流行、剪影）

注意点　・在必须用商品自身表达诉求的情况下，用情感型POP广告（"今年正在流行！！"等）进行渲染，结果不能传达商品的好处，反而使商品看上去廉价。

②商品自身无法表达出来的卖点
只有在商品具有不能通过自身表达的特征时，才有必要通过POP广告进行表达。

◆价格特征内容　…　・比入季时便宜
・比生产商建议的价格便宜
・比本店平时的价格便宜
・因行情变化，价格比通常便宜

注意点　・给非甩卖商品设置甩卖POP广告会失去顾客的信任。
・过度设置POP广告会导致高品质商品被埋没。

◆价值特征内容　…　・商品的功能性和材料
・便利性
・产地、制造方法、食用方式、材料、进口方式、烹饪方式等

注意点　・避免抽象的表述和表达。

在使用价格诉求的 POP 广告时，如果给非甩卖商品设置了甩卖 POP 广告，不但会失去顾客的信任，还会使高质量商品被埋没。

若能认真遵守上述原则，大可以制作设置 POP 广告。

设置 POP 广告的目的是什么？即便是好的商品，在配上随意的手写 POP 广告，或是 POP 广告出现污损后，其商品价值也会下跌。

在突出价格便宜时，POP 广告上要用大字体表示价格，用小字体写商品说明。在强调商品的好处时，说明部分的字体要大于价格所用字体。

商品与 POP 广告是配套的，要使顾客在看到 POP 广告后就能了解商品的价值。POP 广告并不是大的就好。要时刻意识到商品与 POP 广告是一一对应的。

如此想来，只把 POP 广告当作展示的一种方式就显得可惜了。POP 广告关系到顾客对企业（店铺）的忠诚度的提高。

资料 6 是 POP 广告与店铺忠诚度的关系示意图。

简单地说，"让好商品看上去更好，让便宜商品看上去更便宜"能提高店铺忠诚度。

（5）关联陈列的原则

关联陈列的技术以前就有，还有一个说法是交叉营销。然而很多企业因为没有相应的机制而不能把关联陈列持续下去。

由于陈列凸出到通道上会妨碍顾客购物，有的企业和店铺不实施关联陈列。笔者赞成仅以重点商品为对象在一定期间内进行关联陈列。当然，期限过后要恢复原状。如果可能的话不要凸出到通道上，用可以进行标准管理的器材陈列。

首先要陈列的是自有品牌（PB）商品，各种单品陈列 10 个以上。对价格便宜、加价率高的自有品牌商品要认真对待。

第6章 | 展 示

资料6　POP广告与店铺的关系

（自身企业的定位）
经营使用频率高的商品，用经济实惠的价格提供比能提高日常生活质量的商品。

希望获得的印象
- 日常商品选品丰富
- 可以接受的价格
- 每个商品的质量都令人放心、高品质

现状的问题点
- POP广告过于显眼
- 没有考虑到正价与活动价格的平衡（倾向于以价格诉求为优先）
- 各种未经整理的信息展示在增多

卖场展现的改善
- 有效地展示商品
- 修正价格诉求与价值诉求的平衡（在卖场展示价格诉求之外的高品质）
- 重新选择展示媒体
- 彻底完成设置工作

建设让好商品看上去更好，便宜商品看上去更便宜的卖场

提高顾客对店铺的忠诚度

191

若有剩余空间，接下来要陈列的是全国性品牌（NB）中市场占有率高的商品，即畅销商品和人气商品等，各种单品陈列 10 个以上。

如果仍有剩余空间，可以陈列能吃完的食品和能用完的易耗商品，各种单品陈列 10 个以上。例如把秋刀鱼和柚子醋等进行关联陈列。如果还能剩下空间，可以陈列柠檬或者白萝卜、食盐。

这时如果仍有剩余空间，可以陈列吃不完用不完的非易耗商品。以秋刀鱼的关联商品为例，具有代表性的就是秋刀鱼用的烤鱼器和刨丝器。

遵守了这个原则，就可以在大中小规模不同的店铺进行相应的关联陈列。这本身就是出色的标准化。

如果能打造出这样的卖场，那才是"能让顾客在眼前浮现出今晚菜肴的卖场"。

6　7-ELEVEn 便利店式展示的精髓

7-ELEVEn 便利店为什么能做到日均销售额 66 万日元，是其他便利店的 1.2 倍以上？7-ELEVEn 不被传统的便利店框架所束缚，能发挥每个店铺的创意和智慧，开展地区商品营销规划，上门订货并配送到家，网购后到店取书等丰富多彩的服务。

与此同时，7-ELEVEn 的门店（卖场）内醒目地展示着顾客现在想要购买的商品，热门商品在端架陈列。不仅如此，一些店铺还鼓励店员在收银空闲时提供自有品牌的主食面包等食品的试吃。

笔者关注的是 7-ELEVEn 比其他任何便利店都重视销售现在想卖出去的商品（重点商品）。7-ELEVEn 把预计能卖出去的商品从发售第一天起就用排面陈列进行大量展示。通过使用货架的一层或整个货架进行陈列，营造出具有视觉冲击力的量感以吸引顾客的目光。

其他便利店的做法是先尝试性地少量进货，观察销售情况后再大量订货，这种做法会错过商品最好销的时机。

用大排面进行量感陈列，能明确地告诉顾客这就是店铺推荐的商品。为了做到这一点，平时就要招集临时工和兼职店员开会，在下单时讨论什么商品销路不大了、什么商品不再进货。这样始终保持单品管理的思路，才能够对卖场进行扩大或缩小，确保陈列空间。

扩大排面，用表现力去开拓新的顾客群。这么做还有助于培养能贡献销售额的商品。如果陈列得醒目，儿童糖果也能勾起年轻人和老年人对往昔的回忆，吸引他们购买。7-ELEVEn就是通过建设能留住顾客目光的卖场，成为令顾客期待"总能发现些什么"的便利店。

像7-ELEVEn这样扩大陈列想要销售的商品，缩小陈列其他商品，把商品价值简单明了地传达给顾客，可以说是展示的精髓。

第 7 章

传单促销

传单是连接顾客与企业（店铺）的桥梁

传单与卖场的商品是否联动

传单广告的效果为什么下降了？传单是连接顾客与店铺及其身后企业的桥梁。即便是不订阅报纸的顾客，也能在企业的官网上看到传单。传单自然有着传统的"揽客"功能，同时也是宣传企业和店铺形象、思路及经营方针的手段。

尽管如此，这几年来零售业一线针对传单却出现了否定的声音。这些声音包括"传单没有作用""顾客似乎不怎么看传单""散发了（自认）冲击力强的传单，但很少有顾客在开店前就排队"等。真的是这样吗？本章将从工程再造的视角出发对传单促销进行梳理。

1 从顾客的立场看传单广告为何不起作用

大型调查公司的报告和统计显示,报纸夹页传单的广告费和派发数量年年减少。另一方面,电视广告等店外促销却在增长。尽管如此,就笔者所知,几乎每天都看传单的顾客比例在70%以上。20多岁的人不怎么看传单,40~59岁的人经常看传单并参考上面的内容购物。

笔者针对某企业的临时工小组进行过访谈调查,让他们从顾客立场出发谈一谈为什么传单不起作用。以下是排在第1~5位的回答。

第1位　传单上没有特别想要的商品

第2位　价格并不是特别便宜

第3位　在店内找不到传单上的商品

第4位　店内仅设置了写有"广告商品"的POP广告

第5位　售货员不了解传单广告商品的内容

这些回答来自了解顾客立场并知晓企业组织内部情况的临

时工的敏锐观察。从这些回答来看,顾客对传单的不满有"每次都登载同样的商品,没有新意""所有店铺都在发传单,对价格便宜已经习以为常""POP 小,商品陈列数量少,排面窄小,注意不到"等。

令人感到遗憾的是这样的回答:"店里的售货员只负责张贴 POP,活动结束后取下来,对商品的内容不甚了解。"因为每周都有传单促销,相关作业变得事务性、义务性和千篇一律。

没有因为商品可能畅销而增加陈列量,也没有因为想要卖出商品而在两处、三处乃至多处场所展示,更没有想方设法要把因滞销而可能剩余的商品都卖出去。传单促销正从"拉动销售"变为"作业"。再加上近来的人手不足,可以说上述现象在一线随处都在发生。

2 在一线注意到的传单不起作用的原因

笔者拿着某家店铺的传单，在活动开始的第一天进店对传单上登载的商品进行了确认。这些商品中有的不难找到（特别是生鲜品），而糕点糖果、加工食品、日用品等却很难找到。

对卖场和商品多少有所了解的笔者总算是找到了自己想要找的商品。如果换成是顾客，会这般执着地寻找商品吗？可替代的店铺要多少有多少，不用费力寻找商品就能完成购物。如果找不到商品，顾客会对店铺产生不信任感，认为传单上的内容是"虚假广告"。批评的矛头当然会指向店铺和企业，这是更重大的问题。

难以找到传单广告商品的原因很简单，就是以下3点。

①传单上有关商品的文字、数字和照片的尺寸小。如果没有照片，只有文字和数字，则更不容易找到商品。

②商品的陈列量（排面数）少。

③POP 尺寸小。

首先，传单尺寸不当：上面登载的广告商品过多，本身就不容易看清楚。其次，卖场不当：广告商品数量众多，陈列量及排面数却跟不上。最后，促销不当：排面不足只能设置小的 POP。

许多人特别是售货员注意到了这个问题，但向总部反映后也难以得到改善。究其原因可能与厂商或批发商提出的方案，以及促销协力金①有关。

关于门店端在进行传单促销时感到工作有压力的原因，笔者在听取一线的声音后总结为以下 5 条。

①总部突然（？）送来 POP 或商品，门店为了更换货架（包括平柜和端架）上的商品、陈列商品和张贴 POP，搞得手忙脚乱。

②接连不断地（？）收到总部的指示或计划书，即便不明其意也无暇询问。在完成商品陈列和 POP 广告设置后，也没有时间进行再确认。

③没有调查促销期间卖出了多少商品以及为什么能卖出去。想调查也没有时间。

---

① 促销协力金是生产厂商或批发商向零售店支付的促销费用。

④在一轮促销结束后,甚至在临近结束时就必须为下一个企划做准备,无法掌握传单广告的效果如何。

⑤促销结束后,传单广告商品下架,放入仓库暂时保管。库存量多的商品移交仓储中心或其他店铺,拆除POP广告。每次搞传单促销都要重复这些作业。

对上述内容加以分析后可以推测出,第1条中的"突然"和第2条中的"接连不断"是临时工说的,而不是出自身为其上司的正式员工[①]之口。可见内部没有开会沟通。

第2条和第3条中多次出现"没有时间",这应该是店铺方面的真实感受。然而,真的就不能下功夫在广告商品之外再陈列关联商品、追加设置POP广告吗?在第3条和第4条,传单促销简直就成了商品的陈列和补货作业,看不到努力把商品全部卖出去的销售作业。这让人怀疑到底是否进行过传单促销的教育。从第5条可以看出,传单广告商品未售完出现剩余(消化率差),事后处理的工作量增加。

在目前的状态下,每次搞传单促销都会造成事后处理的工作量增加。为了削减成本,常用的手法是减少传单促销次数。但这么做会造成店铺的正常工作量减少。

---

① 日本零售企业的店员基本为临时工、兼职工,担任课长、组长的基本为正式员工。

3 传单真的不起作用吗？

资料1是"传单广告商品寻找难易度调查示例"。这是笔者以前在日本关东地区[①]某地用一天时间对存在竞争关系的5家店铺进行调查后总结出的。调查选在这5家店铺全部实施传单促销的日子（周四~周五）进行。笔者手拿传单或把传单铺在购物车上，只对当天的每日特选商品和促销商品进行了调查。调查时尽量保持同样的步速。

这5家店铺的卖场面积分别为600坪、430坪、430坪、720坪和250坪。720坪卖场的是综合商超，其他店铺是超市（包括生活协同组合），卖场面积从250坪到600坪不等。人们通常认为卖场面积大的店铺不容易寻找商品，但实际上完全相反。找到1种单品的平均所需时间在资料表格中从左到右依次为20秒、25秒、75秒、18秒和30秒。因为步速一致，所以能计算出具体时间。

[①] 日本关东地区是日本本州中部太平洋沿岸的一个地区，由茨城县、栃木县、群马县、埼玉县、千叶县、东京都、神奈川县组成。

资料1 传单广告商品寻找难易度调查示例

项目 \ 店名	A公司	B公司	C公司	D公司	E公司
	大型超市	超市	精品超市	量贩店	生活协同组合
卖场面积（坪）	600	430	430	720（食品卖场面积）	250
传单尺寸颜色数（正面×反面）	B4 *4×1	B4 1×1	B3 2×1	B2 4×4	B3 4×4
促销主题	·涮锅 ·早餐晚餐的菜单	·临时特别促销	·涮锅	·九州特产美食 ·收获节	·产地直销收获节
单品数	27	22	21	81	26
找到全部单品所需时间	9分	10分	25分	25分	15分
找到1种单品平均所需时间	20秒	25秒	75秒	18秒	30秒
评价	A	B	C	A	B
评语	·传单上的商品关联与卖场一致 ·筛选了生鲜产品的种类，排面整齐（主要使用平面柜陈列）	·每个卖场都张贴了"降价30%""降价40%""统一售价"的价格标签很抢眼	·POP广告出错较多 ·传单广告上的商品关联与卖场内的不一致 ·POP广告标题中的"广告商品"字样不是最为醒目	·传单广告上的商品关联与卖场内的一致 ·POP广告的标题与传单上的一致 ·100%沿着主通道两端进行陈列	·传单上的商品介绍全部使用彩色照片，容易看清楚 ·商品为主要素材 ·锁定在部分卖场和商品品目

*4×1的意思是正面4色印刷，背面单色印刷。

D公司综合商超的卖场面积有720坪，但找到1种单品的所需时间仅为18秒（25分钟×60秒÷81种单品）。这说明卖场面积大、传单广告商品数量多并不代表难以找到商品。

如何能做到容易找到商品？关键在于以下3点。

①基本100%陈列在主通道上。

②POP广告标题与传单保持统一。

③传单广告上的商品关联与卖场内的一致。

传单广告上的商品基本100%陈列在主通道两侧（第一磁石），若是生鲜产品，摆放在冷藏柜的陈列架第一层，每种商品的排面在4个以上。加工食品和日用杂货用端架大量陈列。

POP广告标题与传单保持统一。例如传单上写的是"某地产葡萄节"，卖场POP广告上同样写着"某地产葡萄节"，而不单单是"葡萄节"。传单的标题与POP广告的标题一致，因而容易找到商品。

传单上的商品关联与卖场的一致，指的是传单上介绍的关联陈列情况与卖场内的实际操作相符合。以"夏季的舒适必需品"主题药妆品促销为例，传单上登载了杀虫剂、蚊虫叮咬止痒药、护肤霜、化妆水、止汗剂等商品，在卖场也用端架和展示平台联合陈列了这些商品，很容易找到。在进行了这样的调查后，可以认为D公司的商品消化率高，销售额上升。其结果就是减少了事后处理的工作量。

相反，难以找到商品的店铺有以下6个特征。

①没有陈列传单广告上的商品。

②传单广告商品出现缺货。

③传单广告商品的陈列位置不固定。

④没有设置"广告商品"的POP广告。

⑤大量设置"广告商品"之外的POP广告，诸如"推荐品""优惠品""店长推荐品""仅限本日"等。

⑥传单上登载的商品过多，字体过小，看不清单品名称。

实施这样的调查，可以让人充分理解在散发大量传单之前应该做好准备工作的重要性。传单广告商品在卖场是否容易找到，直接关系到能否提高顾客的购买件数和商品消化率。与其说是传单不起作用，不如说没有把传单的作用淋漓尽致地发挥出来。

4 传单促销相关问题总结

为什么散发大量传单后顾客数量并未增加？为什么顾客购买件数增加销售额却没上升？许多顾客至今仍对传单抱有兴趣且加以利用，但业内人士是否认识到了以下 3 个问题的重要性呢？

(1) 传单广告商品的消化率恶化。
(2) 促销费（促销费率）的负担增加。
(3) 传单促销的事后处理工作量增加。

第 1 条所说的传单广告商品的消化率下降是事实。但是，企业和门店在多大程度上理解了消化率（实际销量÷计划销量×100%）的含义呢？把消化率下降的责任归咎于外因，把竞争对手众多当作理由，但真正应该做的是审视自身。传单广告商品千篇一律是商品部和促销部的问题，因顾客找不到商品而没购买是商品部、促销部和门店的问题。

最近笔者计算了某家企业传单广告上的单品数量。B4 尺寸传单的单面有 95 种单品，正反两面共 190 种。传单上的照片很小看不清楚，显示价格的文字和数字过小。笔者曾考虑在卖场把全部传单广告商品都调查一遍，结果不得不中途放弃。因为卖场内可能没有传单广告商品，也可能没有设置相关 POP 广告。

关于第 2 条，报纸夹页的广告费逐年减少（参考资料 2），

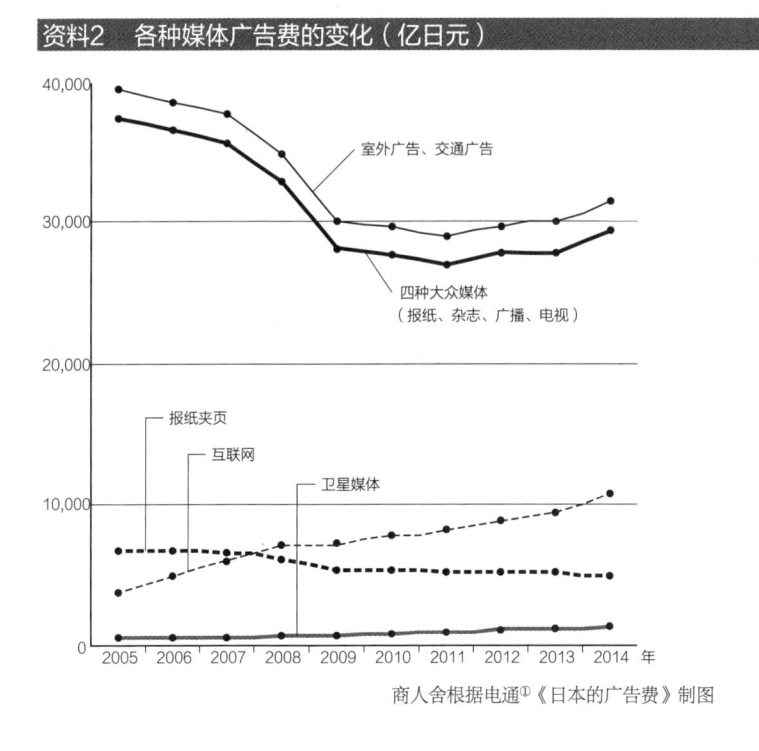

资料2　各种媒体广告费的变化（亿日元）

商人舍根据电通①《日本的广告费》制图

---

① 电通是日本最大的广告公司，行业全球排名第五。

而主题活动和电视广告等店外促销却在增加。这是理所当然的。在供大于求的成熟经济时代，销售的成本因商品不容易卖出去而增加。据日本零售中心估算，销售成本约占销售总额的1%、占毛利润总额的6%。许多企业的现有店铺销售总额与上年相比持平或下降，这在账面上造成了促销费率上升。由于整体上促销负担加重，为压缩成本而减少传单散发的数量和频率，这是目前的主流做法。

如果不坚持对每次传单促销的性价比加以确认，作为连接顾客与企业的最常见桥梁的传单，将摆脱不了式微的命运。

关于第3条，店铺在人手不足的情况下，总是想方设法减少作业特别是事后处理作业，把节省出来的人力和时间用于销售更多的商品和建设更好的卖场。由于"工作量与陈列量（库存量）成正比，陈列量与卖场面积成正比"，当然应该带着尽可能提高销量的意识去开展改进工作。尽一切努力把商品卖出去，这本身就是了不起的成本控制。

5 如何灵活利用传单促销

笔者接下来将要开出的"处方"并没有什么特别的。希望业内人士能够反思，是否因为过于忙碌而忘记了显而易见的道理。

（1）重新确认传单促销的目的

不要用流血甩卖、大酬宾那般无可奈何的态度去对待传单促销。要把传单促销看作是获取盈利的手段。传单促销商品可分为红眼商品和黑眼商品两种。红眼商品的加价率（计划毛利率）低，黑色亮点商品的加价率高。

判断属于哪种商品的标准是看加价率比企业一般销售管理费率（人工费、房租等）高还是低。笔者把加价率低于一般销售管理费率的商品称为红眼，把加价率高于一般销售管理费率的商品称为黑眼。如此看来，许多企业的传单促销商品以红眼为主。"传单广告打得越多就越亏损"，这句在许多企业都能听到的话是带有现实色彩的。传单的目的之一的确是揽客，但更重要的是为了把商品计划和销售计划传达给顾客。

传单通过视觉，以顾客能够理解的方式展现企业与门店的意图、企划和意愿。除了价格卖点之外，各种企划中还包含生活事件、新上市、话题、流行、应季等价格以外的元素。因此，传单的内容和设计当然会有变化。传单广告与卖场是联动的。没有好的企划当然就不能发传单。反之，如果有好的企划，即便超过预算也应该开展传单促销。

(2) 广告商品与重点商品联动

在决定了重点商品后，一定要与广告商品联动。传单上的广告商品在卖场陈列得不醒目，卖场大量陈列的商品没有被登载在传单上，这样的情况现实中都存在。如果不把卖场的商品与传单联动，就不能引起看了传单来购物的顾客的注意，重点商品的销售就不能出现爆发性增长（异常值）。资料3-1是某企业的父亲节重点商品计划书。各商品部门栏目中记载了相应的重点商品，并登载在了传单上（资料3-2）。

资料3-1　广告商品与重点商品联动范例

开展重点商品（主题）促销的指示书（点检清单部分）

畜产品	**重点主题 在父亲节促销牛排** ①工作日的牛排专区，底层货架摆放澳大利亚产牛肩排。 ②周末销售宫崎牛排和烧烤肉块，要确保宫崎牛排的陈列排面。 ③用POP广告提示宫崎牛的相应部位，使用专用食品托盘盛放。 ④强化牛肩肉的销售。 ⑤促销工具（使用总部提供的DVD）、关联销售（绿芥末、牛排酱料）。
蔬菜	**重点主题 促销长山药** ①陈列位置表面确保长度在4尺以上。 ②销售比例为鸟取县产Nebarikko山药2L：长山药3L：其他＝5：3：2。 ③切实设置"山药糊麦饭日"的纪念日场景广告（截止日期6月16日）。 ④交叉MD：香糯大麦饭、香白汤汁、紫苏鲣鱼梅肉酱。 ⑤关联销售：山芋铁板烧、山芋糊盖饭。
水果	**重点主题 在父亲节促销日本产樱桃** ①在平台顶部陈列日本产樱桃，上下长度1.5尺；凸出陈列美国樱桃，幅宽3尺。 ②以日本产品牌"佐藤锦"樱桃为主，工作日和周末的销售比例有变化。 ③日本产樱桃：美国樱桃＝工作日75：25、周末90：10。 ④要多处摆放邮购用的商品目录（截止日期6月21日）。 ⑤切实设置场景POP广告。
水产品	**重点主题 在父亲节促销金枪鱼（目标销售额为去年的200%）** ①以每克398日元的大眼金枪鱼为主。 ②确保促销商品的陈列面在3个以上。 ③商品打造：不要陈列品相不好的商品。 ④开展关联销售。 ＊海鲜盖饭酱汁、金枪鱼盖饭酱汁、和布芜[①]等。
熟食	**重点主题 在父亲节促销寿司、下酒菜** 寿司：寿司"葵"和"舞"在货架底层陈列2个排面以上，散寿司（父亲节海鲜盖饭）2个排面。 热熟食：什锦烤鸡串2个排面，什锦中国串3个排面，炸猪肉串/炸菜串2个排面。这些商品均在底层陈列。 冷熟食：三种蔬菜混合沙拉在底层陈列2个排面以上，毛豆2个存货量单位，3个排面以上。
日配	**重点主题 父亲节的下酒菜（乳制品）** ①使用幅宽6尺的平台陈列，小型店铺使用幅宽4尺的平台。 ②常规卖场设置1号和5号尺寸的POP广告。平台使用A4竖版POP广告。 ③用平台陈列传单广告商品（以水牛芝士为主）。 ④有效使用生产商提供的促销工具。
零食	**重点主题 父亲节下酒菜促销** ①全体店铺必须使用1处端架陈列。用可见率高的端架展现诉求。 ②与父亲节应景商品、高级啤酒进行关联销售。 特别是要扩大传单广告商品的陈列面。 ③使用生产商提供的促销展板、装饰围布渲染季节感和热闹氛围。 ④播放下酒零食"格力高Cheeza"的视频广告（6月1日~6月30日）。注意传单广告商品缺货。 ⑤在下一周MD１７周继续父亲节主题促销。父亲节是6月21日（第三个星期日）。 ⑥下功夫建设卖场。

---

① 和布芜是海带下盘部位、生殖细胞集中的区域，整体呈折叠层状构造，在日本是常见的佐餐食品。

211

资料3-2 父亲节的促销传单

传单上要登载目前对顾客而言最有魅力的商品。登载的对象包括当下畅销的商品、新商品、应季商品、热门商品，即重点商品。每日特选商品是只限当天的重点商品。

门店要制定每种单品的销量计划，确定销售场所，全力开展促销。不仅要大胆扩大商品的陈列面，使展示数量比通常多出一倍、两倍，还要各部门协同，进行搭配和关联陈列，积极在卖场展现诉求。

为此，就需要在商品计划和销售计划中提高重点商品计划的精确度。这样才能筛选出合适的广告商品，让传单直观易懂，便于顾客购物。总部和门店的工作量也会因此而减少。

(3) 在期限内售完传单广告商品

顾客动线调查结果显示，顾客并不会把店内都逛遍。这一事实令人惊讶。笔者最近关心的是顾客在美食广场和游乐区长时间停留，但在店内的停留时间却减少了。为了应对这种情况，只能建设容易找到传单广告商品、便于浏览和便于购物的卖场。

资料4是某家店铺的传单广告使用范例。在销售布告栏上张贴传单广告，给活动期间内完成计划销量三分之一的商品贴上黄色标签，完成三分之二的商品贴上橙色标签，全部售出的商品贴上红色标签，并记录完成计划的时间。

资料4　传单广告的使用范例

A 商品 ◯ 1/3　　● 2/3 黄色标签　橙色标签	B 商品 ◯ 1/3 黄色标签
C 商品 ◯ 1/3 黄色标签	D 商品　988日元 　　　　　　　　　　下午3点左右 ◯ 1/3　● 2/3　● 售完 黄色标签　橙色标签　红色标签

＊销售不如预期时，用店内广播告知实施限时降价的办法进行销售。

　　这么做是为了事后对"为什么能卖出去""为什么出现断货"等问题进行验证。在销售不如预期时，使用店内广播告知顾客，实施限时降价。如果商品全部售出，销售额会增长，事后处理的工作量也会减少。

　　传单广告的真正效果，希望业内人士到一线去亲身观察和感受。目前的情况是传单广告不但没有被充分发挥出优点，反而成为作业量增加的元凶。

第 8 章

商品提案与顾客服务

电子商务时代工程再造的"体验论"

如今为什么要重视体验

在如今的电子商务时代,实体店的零售业处于劣势。不仅在价格上没有胜算,在亚马逊 Fresh① 等电商平台的攻势下,实体零售店就连生鲜食品这一营业的根基都受到了威胁。

实体店的优势之一是能够当场立即体验。有了观看、试吃、触摸、试用、试穿等体验,顾客购买商品时能更放心。如果能做到这些,基本上不会产生退货作业。

道理虽如此,但笔者看不出有哪家企业或店铺对体验给予了重视。

从"使零售业科学化"这一工程再造的立场出发,本章将对电子商务时代实体店零售业的商品提案与顾客服务的秘诀进行探讨。这才是市场营销。

---

① 亚马逊 Fresh 是美国电商巨头亚马逊公司推出的生鲜食品快递服务。

1 实体店体验的优越性

什么是体验的优越性？在如今的电子商务时代，我们是否思考过这个问题。

（1）实体店可以向顾客提供亲身体验。这是电子商务所不能做到的。

（2）实体店可以为顾客当场解决有关商品的疑问。电子商务目前尚不能充分做到这一点。

（3）顾客可以在实体店先体验，满意后再购物。在电商购物可以退货，但"不能体验"。

以前买过的商品、电视上介绍的商品、在网络上成为话题的商品、传单上登载的商品、卖场 POP 广告宣传的畅销商品等，这些应该是顾客在购物时选择商品的标准。然而，顾客获取这些商品的信息时只使用五感中的视觉和听觉。味觉、嗅觉和触觉如何，只有通过体验才能感受到。在味觉、嗅觉和触觉方面，体验有着明显的优越性。

即便是自助服务,光靠POP广告和播放介绍商品的DVD是不能解答顾客所有疑问的。现在有很多卖场售货员不能给出令顾客满意的回答。偶尔遇到了解商品知识的售货员,顾客才得以重新认识到商品的价值。如果能在售货员的推荐下试吃试用,对顾客而言就是"物超所值"。

在有了体验之后,顾客就能用自己的语言自信地评价商品,不再是"这个貌似好吃",而是"这个真好吃";不再是"这个价格贵但是似乎挺好",而是"这个商品性价比高!"。

2 什么是体验

关于"试吃",《广辞苑》(第六版)是这样解释的:"试着品尝。通过品尝了解食物的味道和烹饪的优劣。"笔者认为这个对试吃的解释,与其说是提供给顾客品尝的"试吃",倒不如说是企业和店铺内部进行商品测试。除此之外,涉及试吃的信息并不多。试穿则是从顾客立场出发的,被定义为"在购买前穿在身上确认是否合适"。

在许多企业和企业集团出版的统一术语集中,试吃多被列入"店内促销"一项之内。例如某具有代表性的企业统一术语集中是这样写的:"为了吸引顾客的眼球而在店内开展的销售活动,包括用心制作的 POP 广告、卖场展现、设置主题专区、促销、特卖、试吃、菜单推荐、关联陈列等。"

试吃被看作是众多店内促销措施之一。

然而,店内的售货员是否意识到了试吃、试穿是促销措施呢?总部指示"要提供试吃""要建议顾客试穿",但店员是否把向顾客提供体验服务只当作普通作业对待呢?就连一些对制作POP广告感兴趣的临时工,对作为促销措施的体验服务也是毫不关心。与其说责任在临时工,不如说店长等干部没有向下属阐明试吃、试穿、试用的重要性。

3 各企业店铺的"体验"情况

各企业的店铺开展试吃的方式有3种。

①随机实施，时有时无。
②有定期实施的机制，每周一次以上。
③有每天实施的机制。

采取第一种方式开展试吃的企业和店铺占大多数，其比例应该有90%。这些店铺偶尔提供新上市糕点糖果的试吃，更多时候没有试吃。店内有时能看到生产商派出的促销员揽客试吃，但并非经常性地开展活动。即便实施了试吃，"吃了就请购买"的待客态度有时隐约可见。难道就没有办法让试吃者和推荐者都感到愉快吗？尽管总部提出"定下时间实施试吃"的要求，也会因为人手不足、店内通道狭窄无法设置试吃台等现实问题而不具强制力。几乎所有店铺都是自主判断是否开展试吃。

有将近10%的企业和店铺每周至少实施一次试吃。从7月中旬各超市的情况来看,伊藤洋华堂几乎整天都在畜产品卖场举行传单广告宣传的"烧烤试吃会"。这是为了配合美国产牛肉与"Ebara 黄金之味"酱汁的交叉 MD。在水产品卖场,有澳大利亚等地产的南方金枪鱼的解体秀和有店员服务的试吃。另外,该公司的所有店铺几乎每天都有晚市,主打价格实惠,由售货员在卖场主持的限时降价活动和试吃。晚市上同时开展试吃的卖场多达三处。

LIFE 公司也是积极开展试吃的企业之一。该公司每周三以大型店铺为主举办"试吃集市",售货员在卖场招待顾客品尝商品。

每天实施试吃的企业目前不到整体的 1%,开设"请您品尝"试吃专区的 Summit 超市算是其中之一。从 2011 年 10 月成城①店开业起,新店铺必须有"请您品尝"专区,现有店铺翻新后也积极设置这一专区。有报道称,每天进店顾客中有三分之一会在试吃专区停留,大型店铺每天的试吃顾客超过 2000 人。

2018 年 6 月底 Summit 的某家店铺举行养命酒公司出品的"黑醋饮料"和富士食品公司的"猪肉盖饭酱汁"等五款新商

---

① 成城位于东京都世田谷区,是日本知名的高级住宅区,许多名人和明星在此居住。

品的推介活动，顾客可以自由试吃、试饮。负责推介的人员也没有向顾客施加压力，兴高采烈地补充试吃、试饮的商品。

　　Summit 大约用了七年时间完善试吃机制。该公司采取了以下三项措施：一是在布告栏中张贴顾客的要求；二是开展试验性销售，强调"本商品只在本店销售"；三是用 POP 广告标明商品所在位置，例如"本商品在 7 号通道陈列"。笔者认为，Summit 展现出的日本式智巧超越了以试吃会而闻名的美国企业 Trader Joe's[①]。

　　生协也是很早就开始实施试吃。生协通过积极组织会员开展体验活动，来扩大粉丝群，进而为商品开发提供助力。由于是会员制，生协的试吃在流通业内并不是很突出，但该集团对待试吃的态度可以说是最为积极的。

　　除此之外，为了在这个商品难以卖出去的时代生存下去，各家企业正在试用、试穿方面绞尽脑汁。文化便利俱乐部[②]于 2017 年 5 月中旬在网上实施了与服饰有关的问卷调查。有 55% 的男性表示"只买自己需要的物品"，64% 的女性表示"如果不符合自己的爱好，即便是流行商品也不会买"，分别

---

　　① Trader Joe's 是总部位于洛杉矶的美国食品连锁超市，创立于 1958 年。
　　② 文化便利俱乐部：Culture Convenience Club，简称 CCC，是总部位于东京都涩谷区的集团公司，旗下拥有茑屋书店、TSUTAYA 等品牌，业务涵盖零售、文化产业、数据库营销解决方案等。

排在第一位。把这个调查结果解读为"服装商品的消费支出少"并没有错。但笔者支持企业以"让顾客满意后再购买更为重要"的思路去积极开展试穿、试用等体验型销售。

非食品卖场也能看到体验型销售的好范例。永旺零售的儿童书包销售区设置了大镜子,让孩子们能够看到背上自己挑选的书包后的样子。此外还设置了大桌子,用来摆放各式各样的书包以便顾客比较。

伊藤洋华堂服装卖场,衣架高度120厘米,低于顾客的视线,这样使得试衣间的位置醒目,顾客很容易找到。写有"可以试穿泳装"的POP广告也体现出了其对体验的重视。

在许多企业的店铺内,非食品卖场的器材高度过高,试衣间不容易找到。这样容易造成机会损失。

4 体验为何不能坚持下去

体验型销售不能坚持下去有各种原因。一个主要因素是零售行业的店铺一年365天营业，除了外国游客外，顾客基本上没有变化，早晚会对体验产生倦怠感。企业和店铺内部存在着诸如以下的层层壁垒。

(1) 意识上的壁垒，没有理解体验的重要性。

(2) 行动上的壁垒，没有把体验提上工作日程。

(3) 组织文化上的壁垒，认为不销售商品的空间是浪费。

"没有理解体验的重要性"，准确的说法应该是虽然知道其重要性，但因为忙于商品的陈列、补货和设置POP广告等工作，腾不出手来开展体验型销售。或者是开展了一次后就没有了下文，例如试吃盒空了后便不再补充。出现这种情况与其说是售货员的过错，不如说本应向他们灌输正确意识的人自身就没有意识到体验的重要性。

意识上的不足导致行动上的欠缺，即没有把体验提上工作日程。即便开展了体验销售，态度也并不积极，工作粗糙。例如试吃食品像残羹剩饭，专区的地板被弄脏，疏于保持外观。特别是在夏天，有的商品因卫生关系原本就不能试吃。这反而让人庆幸工作表中没有作出试吃安排。

即便知道把销售实物转为销售体验（或附加体验的实物）的重要性，但在工作中仍然以实物为优先，哪怕占用了通道也要陈列商品。众所周知，在购买床、被褥和枕头时有必要先亲身体验一番。现实情况却是如果没有足够的商品陈列空间，只能无奈地割舍体验服务，优先销售实物。然而，如果考虑到与电商相比实体店的优势所在，应将提供试吃、试穿、试用等体验视为不可或缺的。以提供服务为第一位，如果没有现货商品，可以和电商一样先出售再配送。

另外，试吃是使用卖场内的器材、柜架进行，还是在通道设置摊位进行，这个问题从很早以前就争论不休。争论双方的立场其实就是是否赞成在通道上设置试吃摊位。笔者始终都是赞成派。如果常规陈列区有富余，试吃当然不必占用通道。但实际上空间不足的店铺占多数，使用卖场的器材或柜架进行试吃并不现实。

笔者认为，与重点商品相关的试吃应该限定时间在器材和柜架之外的空间进行，试吃结束后恢复原样。换句话说，重点商品的试吃可以在通道设置摊位进行。如果是与重点商品无关且不限定时间的试吃，则不能在通道设置摊位。不这样作出规定，试吃就不能持续开展下去。在笔者看来，所谓的"壁垒"其实容易跨越，是一条可喜的关键通道。

5 从试吃案例中学到的教训

在某家店铺的水产品卖场，50多岁的售货员向顾客推荐两种味道的烤马鲛鱼，分别是罗勒味和西京味①。上午试吃的顾客中五六十岁的人居多，西京味获得了压倒性的人气。受此影响，该店决定烤马鲛鱼的试吃只提供西京味一种口味。而来店巡视的督导以其他店铺的罗勒味烤马鲛鱼销售良好为由，要求必须提供两种口味的试吃。

之后的销售数据显示，这家店铺的罗勒味烤马鲛鱼的销售成绩极差，在所有店铺中几乎排在最末位。鉴于该店铺的销售额在所有店铺中处于中流水平，罗勒味被认为是由于当地的口味偏好而不受欢迎。

就在这种情况下，该店40多岁的临时工在卖场陈列之前先在午餐时间举行了小规模的试吃会。结果发现五六十岁的人

---

① 罗勒味是用罗勒叶进行调味的，常用于比萨饼、意面等，是西餐常见调味料；西京味就是西京烧的味道。西京烧是京都的传统料理，做法是把马鲛鱼、鲑鱼、鳕鱼等用白味噌腌制后烧烤。

喜欢西京味，三四十岁的人喜欢罗勒味。

这一实践证明，按照总部的指示提供两种味道的烤马鲛鱼，西京味的确具有人气，而罗勒味受到年轻家庭的欢迎。之后罗勒味烤马鲛鱼的销售额当然出现了上升。

从这一案例学到的教训是不能把个人的喜好等同于顾客的喜好。推荐试吃的售货员的年龄和口味会影响到店内销售什么食品，食品的销售成绩也会因顾客的年龄和喜好而变化。

6 体验的定位

试吃、试穿、试用等体验是店内促销。这一点已反复说过。

笔者曾听全日本超市协会（AJS）主席田尻一先生说过，美国 Trader Joe's 超市的试吃摊儿"是一项服务，是广告宣传"。以 Trader Joe's 为榜样开设"请您品尝"专区的 Summit 公司，也把试吃定位为服务与广告宣传。

现在无论何时去 Summit 店铺的试吃专区，总能看到有客人停留。试吃与卖场的联动对销售起到了促进作用。与此同时，试吃专区成为 Summit 的新特色和企业名片。试吃机制简单，但是有效。

另外，其他企业大张旗鼓启动的"菜单推荐专区"，尽管占据着主通道两侧的黄金位置，但近来柜台内已无人照看。在傍晚的高峰时段，专区也经常空荡无人，悬挂出"本日已打烊"的牌子。如果造成这一状况的原因在于人手不足，那就应该想办法加以克服，例如在卖场内向顾客推荐菜单，或者在专区空闲时将其改为卖场。总之需要建立起可持续的、简单易行的机制。

对"体验"的定位有以下3点。

(1) 体验是店内促销措施，可以帮助提升销售。
(2) 体验是消除顾客对店铺不满的一大手段。
(3) 体验是实体零售业在与电商竞争中拥有的优势。

POP广告、菜单推荐以及交叉MD的技术已经达到一定水平，形成了一套机制。而令人遗憾的是，同为店内促销手段的试吃目前尚停留在创意的阶段，有必要迅速提高到机制的层次。

在店铺工作的临时工自己平时也是顾客。这些临时工对店铺不满的一个地方是不能试吃、触摸、试用、试穿商品。顾客在购物时如果对卖场或商品抱有疑问，喜欢向临时工寻求答案，因为他们觉得临时工好说话。然而，由于临时工对商品知识的了解程度不如正式员工，所以不能给出令顾客满意的回答。正式员工从总部收到许多信息，但很少开会加以说明。这就造成信息不能充分传达给与顾客接触机会较多的临时工。至少可以做到在后场内以临时工为对象进行试吃、试用、试穿，这样临时工就能用自己的语言把对商品的感受告诉给顾客。

之前已多次强调过，实体店的优势是现场、现实、现物的实际体验。网络的进化令人瞠目，虚拟体验在不远的将来可能成为现实。目前服装电商已经开展了虚拟试衣的实验。

相比之下，实体店在体验服务方面的措施则显得滞后。原因在于人手不足，这是所有企业的共识。唯一的出路就是以人手不足为前提采取应对措施，以低成本运营来发挥实体店的优势。

7 试吃的步骤与规则制定

前面已经介绍过,某家超市在准备削减或下架商品时就以下 3 点是否有效传达给了顾客进行确认。

① 商品的陈列位置

② 商品的特征

③ 商品的价格(包括商品价值)

也就是说,该超市希望确认顾客不购买某些商品的原因是否在于①不知道商品的陈列位置、②不充分了解商品的特征、③商品价格太高。

确认了问题出在哪里后,该超市采取相应的改善措施。如果是问题①,就改变商品的陈列位置,例如从货架上层移至下层便于拿取的位置等。如果是问题②就采取主动与顾客打招呼介绍商品或是实施试吃的措施。试吃是在高峰时段安排店员招待顾客。如果是问题③就开展限时降价,用 POP 广告和店内广播广而告之。

采取上述措施后，原本被认为滞销的商品变得能卖出去了。这正是由于在店内促销上下了功夫而取得了成效。可惜的是，这样的措施有的店做，有的店不做，并没有充分固化下来。

为什么呢？是因为没有形成规则标准。笔者针对这一情况制定了简单的规则，已在第6章第5节作了阐述。

★ 试吃的原则

（1）制定商品的选择标准

试吃商品要限定在"应时""新品""珍稀"和"C类"。应时是应季商品，新品是新推出的商品，珍稀是少见的商品。C类指的是评级低于A和B，被打上滞销烙印的商品。C类商品因顾客注意不到而没有销量，被推荐试吃后却卖了出去。这样的案例有很多。ID-POS数据分析显示，这些C类商品的重复购买率较高。

（2）确定提供试吃的时间

要确定是从开始营业到打烊全天提供试吃，还是只在白天和傍晚的高峰时段提供。在顾客稍有饥饿感的时段（正午前、下午3点左右、傍晚6点左右等）提供试吃也是选项之一。

从开始营业到打烊全天提供试吃最为理想，考虑到人手短缺的问题,应该筛选商品,进行有店员服务的试吃。

(3) 思考提供试吃的方式

试吃的提供方式分为有人专区和无人专区两种。有人专区由生产商、供应商派出的人员或店铺员工为顾客服务,需要支出人工成本,但促销效果较好。无人专区只在补充商品时需要人工作业,几乎不用考虑人力成本。但是,无人专区如果不注意维护,容易弄脏卖场。

8 使体验成为理所当然

优衣库推出了"初次搭配"服务。儿童可以在店员的帮助下自由选择服装。春假和暑假期间的相关企划受到高度好评。

一些零售企业在生产商和供应商的配合下，在夏季盂兰盆节假期①商战到来之前举行内部的"大试吃会"。在卖场工作的临时工们也参加试吃会，不仅可使会场气氛热烈，还有望增加试吃商品的进货量。

既然都知道体验的有效性，那为什么难以形成固定的机制？为了使体验"理所当然化"，笔者认为应该做到以下3点。

（1）建设鼓励体验的组织文化。

（2）使体验战略化。

（3）不断地通过体验传达商品价值。

---

① 日本的盂兰盆节假期在 8 月 15 日前后，假期长度约一个星期。按照传统习俗，大批在城市工作生活的人们利用这个假期返乡省亲祭祖。

与制造业者为使商品问世而付出的辛劳相比，零售行业不过是把商品拿出来摆放整齐而已。笔者认为，零售行业应当多下功夫、凝聚智慧，以正价把商品销售出去。笔者的这个想法，估计会被很多人指摘为过于理想主义。

企业的领导和干部不能只谈论商品，还应该尝一尝、摸一摸、穿一穿商品。店长或门店的干部一定要亲自对应季商品和新商品进行体验，在食堂或会议室以包括临时工在内的全体售货员为对象举行试吃会。哪怕每月一次也好。

对商品部的员工而言，进行商品体验是理所当然且必需的。但是，体验不能只凭自身的感性。可以考虑让管理层、总部的女员工或监察员等第三者加入进来，建立对体验结果进行评估的机制。

资料1是商品对比总结表模板。就同样的商品，竞争店和自身店铺在购买、外观（含包装）、味道，乃至使用感触上等进行比较。

这个表格虽然是自身店铺与竞争店的对比，但这样的记录值得保存。除了对感性评价和定性评价进行量化外，之后，还可以通过这个表格总结商品畅销或滞销的原因，是采购和商品开发的参考资料。

不把体验的战略化融入日常业务之中就不会出成果。

资料1　商品对比总结表模板

[资料]

商品对比总结表

调查部门＿＿＿＿＿＿＿＿＿　　调查人＿＿＿＿＿　店＿＿＿＿＿

＿＿＿＿＿＿＿＿＿＿＿＿＿　　调查日期　　年　　月　　日（　）

内容＼店名	竞争店的情况　店	自身店铺的情况　店
①商品名		
②生产商名（包括产地）		
③商品的特征		
④价格		
⑤包装（包括托盒）		
⑥差异点		
⑦其他注意到的点		

商品部的员工在向店铺提出方案时，不能只作出要进行试吃、要向顾客推荐试穿等指示，而应该具体说明商品的名称、产品编号、规格、价格、毛利率和卖点。当然还要敦促店员们进行商品体验。

在店铺内可以举行试吃大赛。同时所有部门在卖场提供试吃，请参与的顾客给每一种商品打分。这不但可以成为顾客与售货员交谈的契机，还能加深顾客对商品的了解。用 POP 广告公布试吃大赛的打分结果，绝对会带动销售额上升。试吃大赛每月举行一次即可，让采购员参与进来可以直接听取顾客的要求和不满。

店铺内部也可以举行体验会，以"我体验后决定推荐的理由"等为标题把体验结果用 POP 广告介绍给顾客。这样能使店员在接待顾客时充满自信。

对商品价值的理解有助于提升企业价值。可以考虑把耗费人力和时间的菜单推荐柜台，与试吃专区合并配套。仔细想想的话，试吃也是菜单推荐的一种。推荐试吃可以帮助顾客更容易决定做什么菜。

此外还可以考虑把试吃专区并入服务柜台。服务柜台肯定有店员值守，可以代为接待顾客和简单地介绍商品。

餐饮区也可以被用来举行试吃会或体验会。有的企业甚至利用餐饮区举行简单的培训讲座和小型演讲会。可见餐饮区完全能够成为体验和与顾客交流的场所。

笔者想再次强调,应该把实体店优势之一的体验当作与电商相抗衡的手段,并提升到战略层面,以此达到提高企业价值的目的。希望大家届时不要忘记工程再造所提倡的"科学的态度"。

第 9 章

损失管控

战略性地从根源上杜绝商品损失

商品损失管控不仅限于一线，
是企业整体的课题，涉及组织文化建设

不知何故，商品损失一般被当作是一线的问题。目前在许多企业和店铺，减少商品损失仍然是店长的KPI。然而，从最近一线的情况可以看出，商品损失管控不仅限于一线的"演"，总部的"作"和"调"也要承担起责任。这是企业整体的课题，涉及组织文化建设。我们必须有这样的认识。

零售业工程再造的成果在损失管控上得以体现。

第1部 思路篇

两种损失的权衡

没有人会对商品损失管控的重要性提出异议。商品损失管控之所以没有在业内成为话题，或许是因为这项任务已经理所当然地融入到了工作当中。此外，业内人士正把关注的焦点转向商品营销规划（MD），诸如应对顾客不做饭的趋势和老龄化、打造生活提案型店铺、商品的高价格（高品质）化等。

日本超市协会、全日本超市协会和新日本超市协会联合实施的"2017年超市统计调查"的结果显示，各类商品的平均损耗率分别为：果蔬3.5%、水产品8.7%、畜产品6.3%、熟食10.8%、日配4.0%、一般食品1.5%、非食品1.3%。

在观察了傍晚后超市内食品商品被贴上降价标签的情形后，对照自己的经验，笔者认为上述数据反映了现状。这些数据当然都是平均值。以熟食为例，有2.2%的企业回答损耗率不到1%，损耗率在20%以上的企业占6.7%，损耗率不到10%和不到15%的企业的合计比例为68.3%（参考资料1）。

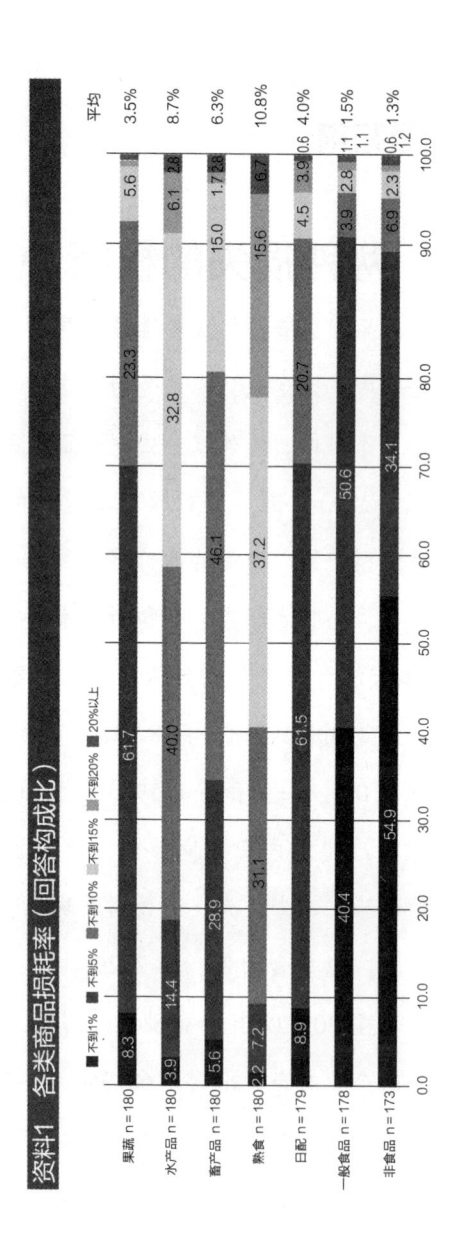

资料1 各类商品损耗率（回答构成比）

类别	不到1%	不到5%	不到10%	不到15%	不到20%	20%以上	平均
果蔬 n=180	8.3	61.7	23.3	5.6			3.5%
水产品 n=180	3.9	14.4	40.0	32.8	6.1	2.8	8.7%
畜产品 n=180	5.6	28.9	46.1	15.0	1.7	2.8	6.3%
熟食 n=180	2.2	7.2	31.1	37.2	15.6	6.7	10.8%
日配 n=179	8.9	61.5	20.7	4.5	3.9	0.6	4.0%
一般食品 n=178	40.4	50.6	3.9	2.8	1.1	1.1	1.5%
非食品 n=173	54.9	34.1	6.9	2.3	0.6	1.2	1.3%

尽管企业和店铺的规模大小和所处地区及地理位置存在差异，各企业商品损耗率的差距之大仍然令人吃惊。这反而意味着商品损耗率存在改善的空间。不管是以往还是现在，零售行业一直在为减少商品损失而采取改善措施，并取得了一定的成果。务实的从业人员今后当然也不会放松努力。

1 为什么现在需要重提商品损失管控

许多企业的领导和干部都在重提商品损失管控问题。这是因为他们清楚地看到了令人担忧的因素。

下面就把这些因素分为外部因素和内部因素进行梳理。

外部因素

（1）商品单价下降

（2）顾客的购买件数减少

（3）顾客数量减少

（1）担心商品单价下降，是因为认识到了食品超市（包括经营食品的企业）的良好业绩在很大程度上依赖商品单价的上升。以生鲜产品为主，果蔬的市场价走高，猪肉和鲜鱼的价格居高不下，全国性品牌（NB）商品受原料价格高而提价等，这些因素的确也惠及了零售业。但是，由于市场行情相对稳定，日元汇率坚挺，预计商品单价将下降。此外，跨行业的价格竞争日趋激烈，商品单价难以上涨。

（2）有观点认为，商品单价上涨促使顾客转向价格便宜的网店或电商平台，收紧钱包，导致在超市的商品购买件数减少。从消费者调查的结果就能看出，在收入无法增加的现状下，顾客的购物频率和数量当然会减少。在不远的将来，无实体店的零售企业，在与传统零售企业的跨行业竞争中将获取更多的市场份额。为了增加或维持顾客的购买件数，即便是生活提案型店铺也不能无视低价措施。

（3）日本从 2008 年前后开始出现人口减少，如今已经过去了十余年，完全看不到总人口增长的兆头。人口增加的只有东京都和爱知县等 8 个都县，其余 39 个道府县[①]的人口都在减少。在这种情况下，店铺之间的竞争将愈发激烈，店铺的平均商圈人口肯定会减少，顾客数量也将随之下滑。

令人担忧的内部因素又有哪些呢？

内部因素

（1）毛利率增长乏力

（2）卖场维持能力下降

（3）如何应对过度的高品质（高价格）化

---

① 日本的行政区划有 1 都（东京都），1 道（北海道），2 府（大阪府、京都府），43 县，合称 47 个都道府县。

关于（1），可参考2016年度的超市企业毛利率与上年度的对比数据。在公布了数据的27家企业中，有14家的毛利率出现增长，但增长率均不到1%；2家企业没有变化；5家企业出现减少，减幅均不到1%。毛利率增长的企业占到一半以上。这要归功于企业努力强化毛利率较高的自有品牌商品和熟食部门，以及单价上涨带动销售额增加。预计今后外部因素会发生变化，会出现单价下跌等现象。

关于（2），卖场维持能力下降的确是受到了人手不足的影响。但笔者觉得更值得注意的是贯彻力和沟通力不足等店铺管理能力的急速下滑。卖场的凌乱和断货的屡屡出现令人触目惊心。再过一段时间后，单纯降价格的模式会频繁发生，除此之外在销售方法上束手无策的问题会凸显出来。在管理相对彻底的大企业和大型店铺，这种倾向也越发严重。

关于（3），企业和店铺跟风"精选""杰作""珍品"等轻奢消费热而导致的问题。跟风后销售却未达到预期，造成库存积压，降价次数增多。

如果是遵循企业自身的发展方向（想要做什么生意）而制定了高品质化、高价格化的商品营销规划（MD）政策，那么无可厚非。因过高评价顾客的生活方式，忽视当地特性而过度准备高质高价商品，这才是问题所在。

❷ 重新思考什么是商品损失管控

《商业用语事典》把商品损失定义为"数量短缺"。这与许多业内人士平常说的"商品损失"意思不同。但是，企业内在使用"商品损失"一词时指的是整体上的损失。笔者也是这么认为的。

根据《商业用语事典》的解释，期末（月底）进行实地库存盘点，算出账面库存售价金额与实地库存售价金额的差额，这个差额就是损失。如果是这样，还不如用"商品数量短缺"这一表述代替"商品损失"呢。是否可以把"商品数量短缺"（可见的损失）这一项目包括在"商品损失"之内？如果要作为公司内部的术语使用，应该给出更严格的定义。

总之，按照笔者的理解，损失有以下两种。

①看得见的损失，即降价损失和报废损失。
②看不见的损失，即机会损失。

损失分为能够看到实情的"降价损失""报废损失"，和看不到实情，只能靠推算得出的"机会损失"。

再次引用《商业用语事典》，降价损失是"为了销售商品而下调初期价格（改变售价）"。折扣则是"过了一定时间后恢复原先售价"的意思。许多企业混淆了降价与折扣的区别。笔者也犯过同样的错误。

报废损失的定义是"丢弃超过设定的陈列期限或保质期，或因品质恶化而无法销售的商品的行为，称作报废处理，被报废处理的商品的总金额就是报废损失"。

机会损失简单说就是"断货"。

在食品行业，报废原本能食用的食品即"食品浪费"问题最近成了热门话题。要解决食品浪费问题，除了改变赏味期和交货期的规则，还需要在食品的提供时间（包括生产时间）和采用适量包装等容量变更措施上下功夫。

行业内当然一直在采取措施减少看得见的损失。但是，两种损失是相对的。为了减少降价损失和报废损失而控制陈列量和库存量，结果发生了机会损失。反之，为减少机会损失而增加陈列量和库存量，结果导致降价损失和报废损失频繁发生。

（参考资料2）

两种损失就是这样的关系。如何找到平衡点，即确定适当的订货量、生产量、排面数等数值，这令许多人感到烦恼。

第9章 | 损失管控

资料2　看得见的损失与看不见的损失的相互关系

看不见的损失

减少降价损失和报废损失 → 控制陈列量和库存量 → 发生机会损失

看得见的损失

发生降价损失和报废损失 ← 增加陈列量和库存量 ← 减少机会损失

如果一次全部生产或一次全部下单，作业会更有效率，作业成本会减少，但降价损失和报废损失将增加。怎么做才合算？有没有办法让两种损失都被削减？这是长期存在的课题。

为了解决这一课题，许多企业采取了"单品管理"的措施，把滞销商品下架，换上能卖得出去的商品。扩大销售良好的商品的排面，缩小销售不佳的商品的排面。

对于那些一旦确定货架陈列方案就固守不变，有着把总部指示始终当作"神谕"的组织文化的企业而言，单品管理简直是革命性的想法。虽然单品管理对于便利店这样的小规模店铺的效果颇佳，但如果把畅销商品的排面过于扩大会导致其他商品的机会损失。商品排面过于缩小，不引人注目，反而会发生降价损失和报废损失。究竟会产生哪种结果，当然取决于单品管理的运用方式。

是否应该轻易把那些被认为再也卖不出去的商品排除掉？只凭数据就给商品打上滞销烙印的做法是否妥当？商品的销量有多有少，但是否真的存在卖不出去的商品？

笔者现在仍坚持认为，生产厂家不会生产卖不出去的东西，产地人员不会收购卖不出去的东西，供应商不会推荐卖不出去的商品。只要在销售方式、展示方式和宣传方式上下功夫，商品就一定能卖出去。

在当今竞争加剧的时代，笔者认为要优先考虑顾客满意度，对机会损失的定位应该大于或等于降价损失和报废损失（参考资料3）。

资料3　竞争加剧时代的损失定位

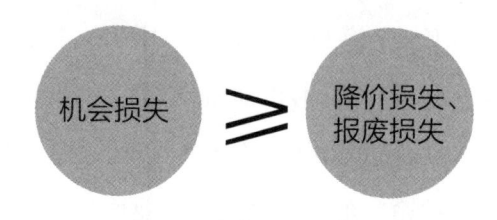

机会损失 ≥ 降价损失、报废损失

降价损失是企业和门店内部的事情。在顾客掌握主动权的时代，有必要更多地关注不记录在单据上的机会损失。为此，总部（"作""调"）的积极干预不可或缺。

3 机会损失与降价损失的"你死我活"贯穿了零售业的发展历程

商品损失管控措施因企业而异。现在各企业、各集团内部的交流日趋活跃,所有的企业都在做着看似同样的事,但在根本上存在差异。这是因为领导的想法、企业成长的历程和组织文化各有不同。

笔者按照自己的想法把企业分为 3 个类型。

①注重管理型

②注重销售型

③管理和销售兼顾型

注重管理型的企业考虑的是如何想方设法减少降价损失和报废损失,采取的手段是推进工作改善和单品管理等。与下功夫做大销售相比,这类企业更重视的是如何省时省力,杜绝浪费,把卖场维持在应有状态。因此,这类企业的卖场看上去四平八稳,给人以"货场"的印象。

重视销售型的企业考虑的是如何减少机会损失,下大功夫进行卖场建设和开展促销等工作。这类企业会频繁发生降价损失，主打亏损领袖[①]等政策。其卖场看上去有活力，确实符合"卖场"的印象。

管理和销售兼顾型的企业想要同时减少机会损失和降价损失。在如今的时代这是理想型的企业，管理到位，卖场氛围欢快，给人以"购物场"的印象。笔者如此分类并不带有褒贬之意，只是为了从根本上确认企业的差异。

今后各类型企业的商品损失管控措施会发生什么样的变化？在观察了以往和当下的一线后，笔者认为将有下面3种发展方向。

（1）重视管理型→重视销售型→重视盈利型

（2）重视销售型→重视管理型→重视盈利型

（3）管理和销售兼顾型→重视盈利型

简单地说，所有零售企业的目标都是"销售、清仓、赚钱"。下面就基于对一线的观察对大型零售企业进行分类。

（1）Valor、MAXVALU（包括永旺）、Summit、Belc[②]等

---

① 亏损领袖是以提供大量折扣（有时低于成本价）商品或服务，目的是吸引客户进店并促进销售。

② Belc是总部位于埼玉县鹤岛市的食品连锁超市，在日本关东地区经营约120家店铺。

属于重视管理型的企业。

值得注意的是，近几年来 Summit 和 MAXVALU（旗下公司各有不同）正在向管理和销售兼顾转型。

（2）万代、ARCS 属于重视销售型的企业。预计今后在管理方面将付出更大努力。

（3）YORK BENIMARU、平和堂、八百幸属于管理和销售兼顾、平衡发展的企业。

零售企业整体上必然朝着管理和销售兼顾型的方向发展。

通过以上的梳理可以看出，降价损失并不完全都是坏事。把农产品部门定位为亏损领袖，通过降价吸引顾客，提高店铺整体的销售额（盈利）。这也是一种策略。现实中的竞争对策是肯定会拿农产品价格开刀的。因为农产品的购买频率高，直接关系到顾客对超市的评价。正因为是分部门管理，在决定是否给农产品降价时，需要能作出整体判断的企业领导和店长给出方向。当然，分部门管理有着助长垂直壁垒弊端的一面，但现在已不像以前那样积极、严格地推行这种管理方式了。

高价商品稍稍打折以体验价格推出后不仅能卖出去，还能够收获新的粉丝。这令人越发感受到合理搭配不同加价率商品的必要性。如此看来，"商品损失管控"是一个既旧且新的概念。

第 2 部　事实与分析篇

产生商品损失的结构性机理

产生商品损失,这是实体店零售企业背负的宿命。因为这些企业基本上根据预测销量下单进货。近来有案例显示自动下单系统的精确度提高,不仅削减了作业成本,还在减少机会损失上发挥了作用。

无实体店零售企业的进货模式是接单后下单进货。以亚马逊为首的电商企业和生协的配送服务就是具有代表性的例子。由于是在接到顾客订单后再备货,这种模式不容易产生浪费。另一方面,这种模式要求必须在仓储中心备有庞大的库存。

实体店铺也有一部分业务是接单后下单进货的。比如,在入学季、毕业季、母亲节来临之前,水产、畜产、熟食等一些部门也采取提前预约商品的方法。

即便未来人工智能技术取得进步,有实体店零售企业依旧摆脱不了商品损失的宿命。既然是这样,那就坦然地接受这一宿命,用积极的态度来应对。为此就要认识到,解决商品损失管控这一课题需要"作""演""调"全部参与进来。

下面将总结最近笔者从一线事实中发现的问题。

4 基于事实分析"作"的课题

（1）不合理的选品指示造成商品损失

2017年3月中旬的一个工作日，某店铺内农产品卖场的鲜切水果售价980日元；畜产品卖场的黑毛和牛里脊薄片售价2980日元，烤牛肉1280日元；水产品卖场的生寿司1580日元，刺身拼盘1980日元。到了傍晚高峰时段的17点30分左右，这些高价商品和大容量商品被贴上了降价标签，降价幅度从20%到30%、再到40%。如果是特殊的日子，这种程度的降价没有问题，但在平常的日子这么做是否过分了？

同样是在17点30分左右，熟食卖场米饭区内的20盒豆饭全被贴上了降价20%的标签。如果是限时降价，这种做法还可以接受，然而店内既没有设置POP广告也没有广播告知。

上述情况的发生可能不是出于门店的想法，而是遵照总部商品部的指示。笔者没有看到计划书，事实如何无从得知。

（2）不合理的陈列量造成商品损失

2017年2月中旬的一个工作日，上午10点某店铺熟食卖场的生寿司区内陈列着 18 盒寿司,其中售价 580 日元的有 10 盒、780 日元的有 5 盒、980 日元的有 3 盒。这些寿司都是从食品中心送来的已加工包装好的生鲜品。这可能是由于人手不足,上午的店内加工作业来不及。12 点 30 分左右再次前往卖场,发现只卖出了 3 盒 580 日元的寿司。如此多的陈列量,是因为负责人下单过多,还是因为食品中心为保证配送效率而规定了最低下单量?笔者猜测极有可能是出于后面的原因。

预计今后熟食、水产品等耗费人力和时间的商品,将不得不越来越多地依靠外部加工配送。笔者希望届时的下单系统能支持 1 个、1 盒的最低下单量。

(3) 不合理的售价指示造成商品损失

2017 年 3 月中旬的一个周末,A 店日配卖场冰淇淋区端头(平柜)内正在销售 195 日元的新商品"哈根达斯迷你杯豪华麻糬芝麻核桃冰淇淋"。这款商品在商圈内一家低价型超市的售价是 198 日元,在一家提供便利型超市的售价是 268 日元。这两家竞争店都没有为新商品设置 POP 广告,也没有扩大陈列面以求醒目,看不到着力促销的姿态。相比之下,A 店对这款新商品的定价是否过低?

笔者把新商品定义为"发售后 6 个星期以内的商品"。之所以如此定义是因为笔者认为"在此期间价格是次要的，销售方式、展示方式和宣传方式（试吃等）才是生命"。做法得当的话，6个星期内都可以当新商品来销售。

去年作为新商品发售的"哈根达斯豪华麻糬黑蜂蜜冰淇淋"和森永的"和栗曲奇冰淇淋"，虽然价格较高，但在低价导向型超市的销量反而比其他类型超市更多，就是一个很能说明问题的例子。

当然，这只是笔者的想法。也有的综合商超打出"新商品突然降价"的传单广告。采取什么样的价格政策取决于企业想做什么生意。这在后面还要说到。有的企业则不知道自己是做什么生意的。

一旦降低了价格，考虑到顾客的心理反应，很难再把价格上调。笔者一直在对采购员说："新商品的价格不重要，要在销售方式、展示方式和宣传方式上下功夫。"笔者认为，要让能赚钱的商品在能赚钱的时候赚到钱，以此充当进行低价销售的资金。

资料4是笔者按照自己的想法划分的，能以价格手段来应对的商品和不能以价格手段来应对的商品。

（4）钢琴键盘式货架陈列造成商品损失

2017年3月中旬，某店铺农产品卖场番茄区的中岛陈列了21个番茄单品。由于是工作日，100日元的散装番茄和迷

资料4　商品划分的标准

1 以价格手段来应对的商品

（a）购买频率高的商品，特别是主力商品中的中心单品。
（b）知名度高的商品即知名厂商的主打产品。

2 不以价格手段来应对的商品

（a）购买频率低的商品，包括知名度低的商品。
（b）需要加紧销售的商品，以及新商品和热门商品等。
（c）不容易比较的商品，即品质、设计、尺寸、材料、产地不同的商品。

你番茄的售价应该是中心价格。17点左右，或许是因为便宜，散装番茄售完。另外，在草莓区，从298日元的小盒装到980日元的"淡雪"品牌共陈列了8个单品，此时，其中的498日元草莓已剩下不多。

仔细观察后发现，全部单品的陈列排面数基本一致，没有差异。如此的陈列方法，畅销商品当然会缺货，或者所剩不多。或许是因为门店下的功夫不够，但笔者认为应该归咎于负责"作"的总部给出的指示不充分。

（5）不合理的卖场建设造成商品损失

2017年3月中旬，某店铺内"顾客之声"布告栏中贴了这样一条意见："绿色沙拉在蔬菜和熟食这两个部门销售，建议集中到一个部门以便购买。"

笔者立即前往农产品卖场确认。卖场采用异形布局，难以找到沙拉专区。在询问了卖场负责人后终于找到了，此时许多商品已贴上了降价标签。而在熟食卖场,沙拉似乎很畅销,几乎看不到降价标签。

虽然"关联陈列"和"交叉MD"重新成为话题,但工作中不能只凭想法和心血来潮,需要制定规则。例如规定"主卖场要备齐全部单品,关联卖场和次要卖场集中销售卖得好的单品"等。

(6) 不考虑适当规模造成商品损失

2017年3月中旬,笔者在某店铺内寻找庆祝毕业和入学的红豆饭。因怎么也找不到,笔者以为已经卖断货,于是准备离开。就在这时,笔者发现沙拉区旁边的桌子上陈列着2个SKU的中盒装和大盒装红豆饭。为什么不在米饭区陈列,原因不得而知。不管店铺规模大小,红豆饭都是主力商品,必须在选品之列。这家店铺属于中等规模,熟食的卖场面积过于狭小,被迫在沙拉区旁边设置了桌子。另外,有的店铺因熟食卖场面积过大,便利用剩余空间过度地陈列商品,结果造成商品损失。

作业量与陈列量和库存量成正比,而陈列量和库存量又与卖场面积成正比。降价损失和机会损失同样与卖场面积成正比。因此要从根源上杜绝造成商品损失的因素。

在连锁业,如果总部的"作"不好,门店就注定难以有好的"演"。这是必然。希望读者铭记这一点。

5 "演"的课题

(1) 卖场建设下的功夫不足造成商品损失

2017年3月上旬的某日,笔者想要寻找日本火腿公司生产的简易烹饪中餐菜肴配料商品"中华名菜"。笔者首先进入一家综合超市,在日式日配食品卖场的角落里找到了这款商品。但是,按照企业的商品分类,"中华名菜"既可以陈列在日配食品卖场,也可以陈列在加工肉类区内。这是不容易找到的商品之一。

笔者接下来去了一家超市,日配食品卖场和畜产品卖场都没有"中华名菜"。笔者询问了卖场负责人,但是回答得不得要领。笔者正奇怪为什么没有,准备离开时,在农产品卖场沙拉区的高货架上面两层发现了这款商品。在这个场所陈列可能是为了关联销售。关联销售自无不可,但如果不与其他卖场的负责人沟通,会造成商品不容易被找到,其结果就是令顾客失去对店铺的信任。

之后笔者又去了一家综合超市,没有找到"中华名菜"。

在试着向日配部门的负责人询问后，得知这款商品最近被从日配卖场移至果蔬卖场沙拉区与春季蔬菜区之间，用1个3尺高货架陈列了12个SKU。可能是根据总部的指示，卖场内用声音POP（录音机）和纸质POP，介绍了使用蔬菜与"中华名菜"进行烹饪的办法。虽然改变了陈列场所，但完全没有违和感，卖场建设出色。

(2) 事务性和义务性的作业造成商品损失

2017年3月中旬的一个工作日，17点左右的高峰时段，某店铺熟食卖场内有原价一个250日元和被贴上了降价30%标签的两种南蛮鸡肉①。从商品标签上看，原价商品的保质期到第二天上午11点，降价商品的保质期到第二天早晨6点。前来购买当日晚餐配菜的顾客一定心满意足地把降价30%的商品拿走。笔者在现场确实也看到有顾客把降价商品放入购物筐中。只要是在保质期内，顾客对购买降价商品并不抵触。

单纯以过了一定时间为由，特意把原本能原价卖出去的商品降价销售，这种做法真的好吗？如果经常这么做，顾客会先在餐饮区内逗留，等到降价时再前往卖场购物。所以能否改变生产时间和保质期限以避免无谓的降价？

---

① 南蛮鸡肉是发祥于日本宫崎县的料理，将子鸡的鸡脯肉和鸡腿肉撇成几片，沾上用面粉和鸡蛋调成的面糊，用油炸好后，在甜醋中浸泡入味，蘸上塔塔酱食用。

(3) 成见造成商品损失

店铺的人容易把价格视为一切。商品部的人眼中只看到商品，而负责客服的人则只关注亲切待客。职责不同的人有这样的想法是再自然不过了。

某超市企业的店长对自身店铺的价格感到不满，认为"我们店因为价格高才竞争不过对手"。笔者对此进行了验证，总结出了资料5"为什么价格低却不觉得便宜？"。

与竞争对手进行对比调查后发现，自身店铺的商品有的价格较高，有的较低。于是，店长们开始有了这样的疑问："为什么价格低，顾客却不觉得便宜？"

简单地说，在资料的16个项目中，与总部相关的有"传单广告拙劣"等4项，与门店相关的则有"卖场没有魅力"等12项。

总部的部门确有问题，但更多的问题存在于门店自身。这份资料还让人认识到迄今有过太多无谓的降价。在店长看来，总部的问题是"他人的责任"，门店的问题是"自身的责任"。如果发现自身的责任大于他人的责任，收获将是明确了自身的课题。

资料5 为什么价格低却不觉得便宜？

1.POP广告宣传不充分
- 虽设置了POP广告但不醒目。
- POP广告的尺寸和色彩单一。
- 推荐价格过多，不知道哪个便宜。

2.对商品价值的宣传不充分
- 对低价格的宣传少。
- 对商品特征的宣传少。
- 没有向顾客完全传达商品价值，即不仅要宣传价廉，还要宣传物美。

3.价格与鲜度不相称（想买的商品不便宜）
- 价高却鲜度差。
- 商品质量差。
- 不知名品牌价格便宜。

4.价格与量不相称（想买的商品不便宜）
- 价高却量小。
- 没有顾客想要的量。
- 量小。

5.想买的商品不便宜
- 今天想买的商品不便宜。
- 不想买的商品便宜。
- 想买的商品比竞争店的价格高。

6.商品不醒目
- 陈列量少。
- 出现断货。
- 排面数少。

7.卖场没有魅力
- 卖场过于井井有条。
- 卖场变成了货场。
- 没有积极进行销售。

8.顾客对店铺没有价格便宜的印象
- 无论什么都贵。
- 认为这个店的价格贵。
- 企业形象给人造成价格贵的印象。

9.与竞争店价格贵
- 主力商品的价格高于竞争店。
- 高价商品陈列醒目。
- 没在意竞争店的价格。

10.不擅长定价
- 排除了经济实惠的价格。
- 每日特价与通常售价的差距过大。
- 售价不符合市场行情。
- 公共品牌商品的价格贵。
- 傍晚轻易降半价。
- 传单广告上的价格高于竞争店的通常价格。

11.传单广告的打法拙劣
- 传单上的每日特选商品没有新意。
- 传单的版面设计千篇一律。

12.用卖家思维设定价格
- 价格定低了则没有盈利。
- 把降价的部分转嫁到价格中。
- 毛利目标定得过高。

13.顾客的信任
- 顾客对店铺的商品不信任。
- 价签错误频发。
- 难以找到传单广告商品。

14.销售场所没有突出价格便宜
- 陈列在醒目场所的商品价格贵。
- 顾客不知道传单广告商品通常陈列在什么地方。
- 端架没有陈列便宜商品。

15.没有活力
- 店内顾客少。
- 卖场内没有店员。
- 店员不出声或说话声音小。

16.没有大力开展销售的姿态
- 工作止于商品陈列。
- 不开展大胆的清仓销售。
- 提案少。

6　"调"的课题

按照笔者的定义,"调"是调查、调整、协调的意思。督导和总部的职员,特别是促销部承担这一职责。从广义上讲,领导和干部(店长)、组织文化也属于"调"的范畴。组织越大,"调"的作用就越重要。从"调"可以看到组织的全貌。

(1) 定位不明确造成商品损失

笔者把超市的定位和发展方向分为4个类型:①低价导向型、②提供便利型、③生活提案型、④价值导向型(参考第2章第3节的资料2)。

企业(店铺)的理念各异,没有必要走同一个发展方向。然而,企业自身定位模糊、徒有其表地模仿他人或是不能贯彻自身定位的例子比比皆是。

某生活提案型超市的3月中旬传单广告宣传主题是"美丽和健康、春天来了、给身体开绿灯"。卖场内虽有传单上的商品,却未设置POP广告,也没有菜单推荐。由于其他企业也会在这个时期打出主题类似的传单广告,能否胜出取决于传单与卖场的联动水平。

在另一家生活提案型超市，传单的主题是"春之旋律菜谱"，而广告商品竟然是火腿片和三明治面包。虽然陈列了广告商品，但排面数只有2个，与平时并无不同。此外，到菜谱推荐专区一看，向顾客介绍的并非传单上登载的菜品。

相较之下，某家价格稍微偏低的提供便利性超市大力开展"每日食品超特卖"，推出88日元均一、99日元均一，顾客自选搭配商品等活动，用传单广告的正反两面突出"便宜"主题。在卖场内也通过商品陈列量和POP广告渲染低价诉求。

如果不动用整个组织的力量去贯彻落实自身定位，损失的将不仅是机会，还会因为让顾客大失所望而失去顾客的信任。

(2) 总部与店铺缺乏互信造成商品损失

某企业的3月第一周营业计划，把新款果汁烧酒定为酒水部门的重点商品。总部指示的售价是一罐100日元，但店铺的实际售价是98日元，POP广告尺寸小，一共2个SKU、各3个排面，几乎不引人注目。

在竞争对手的店铺，同样的商品有11个SKU、各3个排面的规模陈列，总排面数多达33个。售价是每罐105日元，价格略贵，但进行了打包销售，3罐售价295日元（平均每罐98日元）。卖场内设置了大幅POP广告。

相比之下，前一家店铺的降价可以说是无效的。门店因过于顾及当地特色和自身特殊情况而未执行总部的指示（虽然每家店铺都应该根据自身情况作出应对）。

（3）沟通不充分造成商品损失

笔者经常有机会阅读企业的营业计划书和了解卖场建设信息，发现计划书的写法和信息传达方式中的老弊端依然存在。这些弊端主要有3条。

①语言抽象，例如饱满陈列、扩大销售、最小限度等。
②使用长文叙述，不分条分项。
③字体又小文字又多，令人望而生厌。

改善工作尚未取得充分进展，原因或在于没有认识到这些弊端与商品损失的关系。

总部的指示得不到落实，门店方面的理由是"没看到，不知道，所以就没做"。此外，因为没有时间或人手不足，做不到开会充分传达总部的指示。

笔者曾听取过某企业的门店和总部人员的真实想法。在门店端向总部提出的要求中，排在前三位的分别是①确保畅销商品和应季商品，②仔细检查并筛选邮件等所传达信息的内容，③传达有益的信息。

总部方面对店铺的三大要求则是①更多地报告顾客的声音

和反馈，②更多地利用总部提供的信息，③有不明之处向总部询问。

总部与店铺之间沟通的鸿沟恐怕在所有连锁店企业都存在。笔者认为，造成机会损失和降价损失的不是技术性问题，而是总部与店铺之间发生的龃龉。

笔者一直把连锁店称为"智慧连锁"，意思是共享智慧的店铺。企业文化对实现智慧共享很重要。为了建设良好的企业文化，就要用同样的视线，同样的语言和同样的标准来说话。

第 3 部 **提案与行动篇**

减少两种损失的六项措施

　　为了减少商品损失，我们该采取什么样的行动？减少商品损失的措施以前有，现在有，将来也应不懈地持续下去。但是，只要机会损失与降价损失、报废损失之间此消彼长的关系存在，就难以期待戏剧性的数值改善。如果是这样，不如执着于"1"，想着再多吸引1名顾客，再多卖出1个商品，再多赚1元钱，再把成本削减1个百分点，这样才容易从整体上采取改善措施。

　　以下是笔者根据事实调查的结果总结出的建议。

★ 建议（1）再多吸引1名顾客

　　①自助服务与待客。
　　②使用重点商品进行菜谱推荐。
　　③早晨、午间、傍晚、夜间，分时段细致应对。

　　关于第一条，笔者承认店员待客（包括出声打招呼）的重要性，但建议进一步实行自助服务。购物时寻找日配和加工食品特别费时间，即便是有商品和专区也不容易找到。例如日配多被分为日式口味和西式口味两个区（中式口味该划入哪个区？）。建议建立统一的日配食品卖场，与熟食卖场相邻。这样可以减少机会损失。

如何解决家庭主妇不知道晚饭做什么菜的烦恼？第二条中的重点商品指的是当下销售良好的商品和顾客感兴趣的商品。以重点商品为主进行菜单推荐可以令顾客开心，减少重点商品的机会损失。

第三条所说的分时段的商品营销规划并不是什么新方法。现在的情况是店铺方面"确定不同时段顾客"的意识薄弱，分时段的MD执行得并不彻底。这或许是因为店铺人手不足，无暇顾及。

这三项措施可以减少机会损失和降价损失。

★ 建议（2）再多卖1个商品

①不同尺寸和量的选品。

②进行试吃（无人专区或有人待客）的关联陈列的提案。

③使传单广告商品容易被找到。

第一条的意思并非单纯的少量或大容量包装，而是指根据用途和时段考虑商品合适的量，按照能吃完的量、能用完的量、聚会需要的量等进行选品。笔者个人以前喜欢吃双层猪排饭,现在步入老年人的行列后,合适的量不是中号而是小号猪排。对有的顾客而言,小号或小容量才是正常的量。

关于第二条,第八章已有详述。笔者也把试吃当作一种快乐,如果觉得好吃就会把商品放入购物筐,有时也会购买感兴趣的关联陈列商品。

关于第三条,看到传单广告后前往卖场却找不到广告商品的情况很普遍。其原因在于顾客不知道广告商品的陈列场所和位置,或者陈列面少以致看不到广告商品。传单广告商品应该在店内主通道两侧的黄金陈列线上至少用3个排面陈列。

★ 建议(3)再多赚1元钱

①在新商品和话题性商品的销售、展示和宣传方式上下功夫。

②在高附加值商品的销售方式上下功夫。

③推出现做的商品。

关于第一条,笔者认为比价格更重要的是速度。在打价格卖点之前,想方设法让顾客体验试吃、试用、试穿、试触摸更重要。

3月中旬,笔者在某超市一个端头卧式冷藏柜中发现陈列着6个SKU的冰淇淋馒头,有抹茶和黑蜜等口味。之前并不知道种类竟有如此之多。

关于第二条，笔者对 7-ELEVEn 的自有品牌精选"金色系列"商品的销售方式十分佩服。笔者曾在大阪碰到某家 7-ELEVEn 便利店正在做 127 日元两片装主食面包的试吃销售。女临时工端着盛有小块面包的大盘子在店内来回走动，邀请顾客试吃。虽然这款面包的价格较贵，但笔者仍不由自主地便购买了。

关于第三条，"下午 3 点制作的""刚刚出炉"等宣传是能让顾客感受到商品新鲜度的好方式。此外，正如俗话说的"水产品动刀越多就越贵"那样，希望店铺不惜时间和人力地推进当场制作生鱼片等"商品即食化"措施。

★ 建议（4）把进货成本再降低1个百分点

①在销售最好的时候，整合最出色的选品、最大限度的卖场建设和最多最强的人手。

②集合主力商品和重点商品进行销售。

③努力售完商品，不向仓储中心退货。

关于第一条，想方设法把商品卖出去，这本身就是出色的低成本运营。进货成本率下降 1 个百分点，在账面上毛利率就上升 1 个百分点。笔者将此称为"进攻型结构重组"。

最近有一个问题引起了笔者的注意，那就是卖场建设过多地设置专区，使卖场不再容易扩充或收缩。例如熟食卖场，油品区和烤鸡串区之间，生寿司区和米饭区之间都被挡板隔开。其结果就是难以根据销售情况的好坏对卖场进行调整。

关于第二条，扩大畅销商品和想要卖出去的商品的陈列面，除了常规货架外，还要使用端架、特设专区、活动场所等进行多点陈列，并与其他部门开展关联陈列。以某超市3月中旬工作日的食品端架为例，陈列了涮锅汤底、蛋黄酱、调味酱料和酱汁、咖啡、杯面、保鲜膜、洗衣液等主力商品，且价格足够便宜，成功应对了淡旺季之间的过渡期。

关于第三条，有人认为即便商品卖不出去，也可以在门店之间调配或向仓储中心退货。店铺没有尽力把商品全部卖出去，与上述想法不无关系。要做的是改变陈列的场所或形态，调整商品的组合搭配等，为把商品售罄付出细致的努力。

★ 建议（5）把降价损失和报废损失再减少1个百分点

①先制作一大批存放着，然后一点点销售出去，这样的工作模式需要改善。

②用叫卖把制作过多、进货过多的商品售罄。

③陈列量和库存量要张弛有度。

第一条和第二条之前已经涉及，不再赘述。第三条所说的张弛有度指的是要意识到应区别对待高峰时段与空闲时段、周末与工作日、店铺开门时和打烊时。

笔者观察了3月中旬某日上午9点30分至10点10分某家超市的熟食卖场。在9点30分之前，只陈列了售价100日元的2个装油豆腐寿司1盒，150日元的3个装2盒，300日元的6个装1盒。10点过后，三种油豆腐寿司的陈列量分别增加了一倍以上。这样的商品陈列管理非常到位。

在另一家超市的工作日畜产品卖场，牛排的分级陈列比例为进口品30%，国产品40%，黑毛和牛30%。高价黑毛和牛所占比例之高堪比周末。而在竞争店，该比例分别为50%、40%、10%。可以想象，前一家店铺的降价损失要多于后一家。

★ 建议（6）把无谓的降价再减少1个百分点

①实施降价后要有尽量让顾客多购买1件的意识。
②让便宜商品看上去更便宜，让好商品看上去更好。
③坚守适当的低价格带。

关于第一条，店铺为了对抗竞争店可以动辄降价，但为什么就不能在价格过低时及时上调价格？不能只有降价思维。降价后要通过打包销售或关联销售，争取让顾客多购买1件商品。

关于第二条，为了让便宜商品看上去更便宜，就要在陈列量、陈列排面和POP广告的设置上下功夫。筛选合适的单品进行大量陈列，可以把便宜度和便宜感传达给顾客。反之，对待好商品，糖分含量、产地、制造方法、精选理由、食用方法的标示和说明必不可少。便宜商品的POP广告要以数字为主，好商品的POP广告要以介绍说明为主。利用POP广告的色彩、形状以及尺寸的差异，分别营造出便宜和优质的商品形象。

关于第三条，坚守适当的低价格带，这是低价型店铺之外的提供便利型、生活提案型店铺和综合商超在进行价格竞争时的标准思路。当然，价格政策各有千秋，有天天低价格（EDLP）、亏损领袖、比任何其他店都便宜1元等多种选择，无所谓好坏。

有必要定时定点地监测自身店铺与商圈内竞争店的主力商品价格，了解最低价、最高价和中间价。笔者把这个中间价定义为"适当低价格带"（参考资料6）。价格可以不是最低的，但一定不能是最高的，以避免给顾客造成价格贵的印象。经常确认商品定价是否在适当低价格带内，在使用传单广告进行降价销售时大力突出便宜度和便宜感。

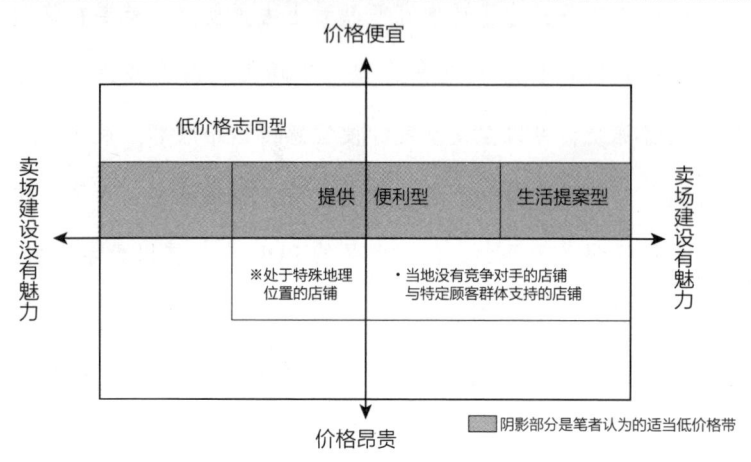

资料6　适当低价格带

```
                         价格便宜
                           ↑
        ┌──────────────────┼──────────────────┐
        │   低价格志向型    │                  │
        │                  │                  │
卖      │┌────────┬────────┬────────┐         │ 卖
场      ││        │        │        │         │ 场
建      ││  提供  │ 便利型 │生活提案型│        │ 建
设      │├────────┴────────┴────────┤         │ 设
没      ││※处于特殊地理  ·当地没有竞争对手的店铺│ 有
有      ││  位置的店铺    与特定顾客群体支持的店铺│魅
魅      │└──────────────────────────┘         │ 力
力      │                                      │
  ←─────┤                                      ├─────→
        │                                      │
        └──────────────────┬──────────────────┘
                           ↓
                         价格昂贵        ▨ 阴影部分是笔者认为的适当低价格带
```

在损失管控工程中不要期待能戏剧性地改善数值。原因是机会损失与降价损失、报废损失之间存在此消彼长的关系。因此要执着于"1"，再多吸引1名顾客，再多卖出1件商品，再多赚1元钱，再减损1个百分点。集合"作""演""调"的功能，从整体上采取措施。

第 10 章

再造工程的历史与未来

解析经营及业务改革的进化过程

一线视角看再造工程

"再造工程"的正式说法是"业务流程再造工程"。《商业用语事典》对业务流程再造工程的定义是:"从根本上重新设计安排业务方式和工作流程,使之达到应有状态,以求削减成本,提高产品和服务的质量,显著改善业务。"这个定义晦涩难懂。流通行业内意思相近的说法是"业务改革""单品管理""作业改善"。笔者在执行项目时接触到的"业务计划"也是近义词之一。改革、管理、改善、计划等是以组织内部机制为核心,顾客不能直接看到。顾客能看到的是"新业态开发"和"店铺和卖场活力的提高"等内部机制重组后的外在表现。这也属于再造工程。

在本书的最后一章,笔者将通过自身进行过的案例研究,用一线视角总结再造工程的发展历程。本章中"对今后行业(业务的改善和改革)的冲击度"评分出自笔者。

1 收银工程

案例 1

TRIAL 超市中心　岛城店[①]

对今后行业的冲击度 100

这家店铺于 2018 年 2 月 14 日开业，笔者在同年 5 月的黄金周后对该店进行了考察。考察是为了了解该店开业 3 个月后工作日的常规运营机制。由于开业时得到了总部和相关人员的援助，店铺的运营很难挑出毛病。

首先在店铺入口处的柜台办理预付式会员卡，再用购物车上的触摸显示屏扫描会员卡进入卖场。这样的购物车共 150 台。会员卡最多可充值 10 万日元。

在饮料卖场从货架上取下瓶装饮料，扫描商品条码后，触屏上即显示出价格。扫描时发出哗的一声令人感到舒服。笔者起了玩闹心，扫描啤酒后按取消键，再次扫描，触屏显示的商

[①] TRIAL 公司是总部日本福冈市的公司，主要开展零售、IT、商品开发制造等业务，经营有折扣超市。

品名和价格上便出现两条横线,意味着取消成功。操作简单且有趣。

收银区设有半自助式、全自助式和结账卡专用共三种收银机。半自助式和全自助式收银机支持现金和刷卡。

经店员确认已付款后,推着购物车走过专用通道,领取自动发行的收据。整个过程非常迅捷。结账操作简单,顾客不再为排队等候交钱而烦恼。

★ 智慧店铺带来的改革

关于店铺智慧化带来的改革,可举出以下3点。

①消除顾客等待结账的焦躁感。
②减轻店员进行结账操作时的压力。
③解决企业的人手不足问题。

结账带来的焦躁感不仅限于客流拥挤时。客人在收银台前打开钱包,找出零钱,慢慢放入现金托盘。生活中经常看到的这一情景往往能令人心急如焚。

顾客在收银台前排队等候时的眼神,盯着算账是否有错时的眼神,还有上司监督收找金额是否正确时的眼神,都会给收银员造成压力。

人手不足的问题将持续加剧。店铺智慧化是解决前所未有的人手不足的一大对策。

★ 结账业务的变化与改革历程

包括商品打包在内的结账业务，特别是机器结账的发展变化就是对准确、迅捷和简便的追求历程。结账方式的进化过程可依次概括为按键收银机—POS收银机—自助结账—半自助结账（自助付款）—无收银机结账。

这一历程也出现过曲折。零售行业原本考虑采用自助结账系统代替POS收银机，但不知何时半自助结账系统加速普及开来。没过多久，无收银机结账的浪潮又奔涌而来。急速的技术升级有可能使机器更新投资打了水漂。

商品打包因在很大程度上涉及到待客，服务方式的改变并非一帆风顺。当初为节约人手而取消收银台的打包服务，改为设置打包台由顾客自己打包时就曾发生过混乱。

此外，店铺与厂家合作开展过无人打包机的试应用，但因成本过高而放弃采用。零售企业对已故日本连锁店之父渥美俊一所说的"自助式服务是更好的服务"反复进行实验，但没能在短时间内消除顾客的抵触感。企业不断地解释，推行自助式服务是为了"把削减的成本反映到价格上，回馈顾客"，最终才平息了顾客的不满。如今无论在什么地方自助式服务都已是理所当然。

日本不少人反对无现金支付，理由包括"现金支付比例高，时候尚早""会给老年人顾客造成不便"等。但是，在零售业一线，使用电子货币和信用卡的无现金支付正在急速普及。针对无收银机付账，同样也有否定看法，诸如"店铺变得没有生气，令人感到冷清""不再有机会与客人说话"等。虽然不能无视这些声音，但在成熟经济时代竞争加剧、人手不足的情况下，企业如何选择主营业务与集中经营资源将受到考验。

★ 从无收银机化中学习借鉴什么

我们应该从无收银机化中学习借鉴什么？笔者希望把描述零售业的关键词从"脏乱、劳累、危险"改为"效率、效果、感动"。下面将使用这3个新关键词加以论述。

①更有效率地削减成本和实现低成本运营。

②让无收银机化和无现金化产生带动销售、改善备货和卖场的效果。

③建设能让顾客感动、能让工作人员易于工作的店铺和卖场。

想更有效率地削减成本和实现低成本运营，需要超越企业的局限，在行业层面和国家层面推进通用化和统一化。据闻TRIAL超市的购物车每台价格为15万日元，如果实现量产可大幅降低成本。幸运的是，在经济产业省的主导下，未来电子价格标签的单价可降到1日元。此外，日本超市协会提出了AI无人收银的方案，正在为提高运营效率而加紧采取措施。即便是政策滞后，只有经济界态度热烈，那也无妨。对于无收银机化和无现金化，中国的自上而下的普及推广方式令人羡慕。

网络率先实现了无现金交易。谁在什么时候买了什么商品等信息被运用于市场分析。当然，实体店铺也可以利用积分卡信息改善业务。预计未来 AI 在大数据处理方面的应用将更加活跃。与其把店铺无人化作为目标，不如像 TRIAL 超市那样，通过设在店内不显眼位置的摄像头收集客户数据、货架变化以及缺货等商品流动信息，把这些信息用于零售业务并反馈给生产厂商，为商品开发等工作助力。

简化对高龄店员而言难度较高的收银作业，能带来巨大的好处。高龄店员能因此工作得更轻松。年轻店员也可能同样受益。多出的人手如何安排由企业判断。笔者认为，自助式服务并不是没有服务。如果能让顾客购物更愉快、更方便，就应该彻底推行自助式服务。

另外，如果把人手用于接待顾客和试吃服务能有助于提升企业形象，就应该积极付诸实践。

对于把收银服务视为"最后的阵地"的 7-ELEVEn 等便利店和众多超市而言，做到细致打磨友好型服务就足够了。

2 业态工程

案例 2

永旺 Style 的新店和翻新店

对今后行业的冲击度 90

尽管可能不如开发负责人或流通业专门杂志的记者，但笔者也算见识过众多不同业务种类和业务形态的店铺。特别是对永旺 Style 大量开设新店和进行店铺翻新，并在每家店铺开展的尝试性举措一事，笔者一直保持着关注。座间店、枧见川滨店、新茨木店、丰田店、神户南店、碑文谷店等，许多店铺给笔者留下了印象。

在这些店铺中，2018 年 4 月 27 日开业的永旺 Style 西风新都店是开辟山地建设的，地理位置极不寻常。当地的环境条件只适合经营奥特莱斯、游乐园和赌场[1]。该店就设在永旺商城

---

[1] 日本国会于 2016 年底通过了《关于推进建设特定复合观光设施区域的法律》，俗称"赌场法"，为建设赌场开了绿灯，但目前日本国内尚没有赌场。

的"广岛奥特莱斯"之内。

永旺零售集团很早就开始采取措施，应对顾客不想做饭，以及从购买商品到购买服务的趋势。西风新都店所在地几乎没有商圈，这对商品销售而言可谓是致命缺陷。然而，永旺却在此成功打造出了重视餐饮店功能的时间消费型超市（可否命名为"第三类餐饮超市"？）。笔者在本小节提及西风新都店并不是为了作出评价，而是想知道永旺营造出"百店百样"局面的理由。

在笔者的理解中，永旺是长期实行中央集权和总部主导的企业，"连锁店理论"是其经营的支柱性理念。以往统一规划

店铺的永旺如今走上了完全相反的道路，积极地推进适合当地特色、具有个性的店铺建设。永旺的思路改变了吗？

笔者一直在说："技术因思路而得到应用，组织文化因思路而得到养成。"理论改变了，店铺的形态当然会随之改变。永旺的变化无论是对其自身内部，还是整个行业都造成了巨大冲击。

笔者对理论的定义是"把当时的数据与一线的事实加以对照后积累的体系化的、只能用于当时的理论"。因此，笔者绝没有否定前辈们建立的理论，而且认为绝不能否定。每一个理论的诞生在当时都有其必然的理由。

然而，数据和事实都会发生变化。顾客的需求会改变，时代也会改变。如果不持续地进行细微的修改，理论将无法适用于一线。

★ 永旺 Style 西风新都店的改革点

永旺 Style 西风新都店的改革有以下 3 点。

①因地制宜。
②因店制宜。
③连锁店原则主义。

销售当地生产的商品和吸引当地名店入驻，这是最低限度的因地制宜。永旺零售集团的所有店铺都是这么做的。例如神奈川县的座间店，为吸引年轻家庭顾客而开设了儿童用品综合卖场"儿童共和国"，并为忙于工作和育儿的顾客开设了可当即享用推荐菜品的超市餐厅。

千叶县的检见川滨店鉴于当地有许多高龄居民，全店上下照顾老年人需求，除完善相应的服装、食品和家居用品外，还开展健康营销，每天早晨在4层的活动会场组织老年人做广播体操。

碑文谷店推出了"每日逛店优选"概念，面向其前身大荣①超市时期起一直难以吸引的高收入顾客开展营销。

因店制宜，各家店铺竞相发挥自身特色展开竞争。同以往相比，卖场的建设和完善程度令人难以置信。

在因地制宜、因店制宜的同时，原本下放给地区分公司的采购权被总部收回，和备货政策一样实行总部一元化管理。这就是笔者所说的连锁店原则主义。

★ 连锁店理论的变化与改革历程

连锁店的理论及其概念是舶来品，从一开始就引发激烈争

---

① 大荣是日本的全国性连锁店企业，20世纪90年代泡沫经济破灭后业绩长期低迷，2015年被永旺完全收购。

论，人们对相关的解释褒贬不一。连锁店理论存在过于教条主义的一面，既拥有许多近乎病态的信徒，也遭到许多人的反对。鉴于进入新的时代后争论已经平息，笔者试着用图解总结了连锁店理论的发展历程（资料1）。为了不给相关人士造成困扰，需要说明这一图解完全出于笔者个人的理解。

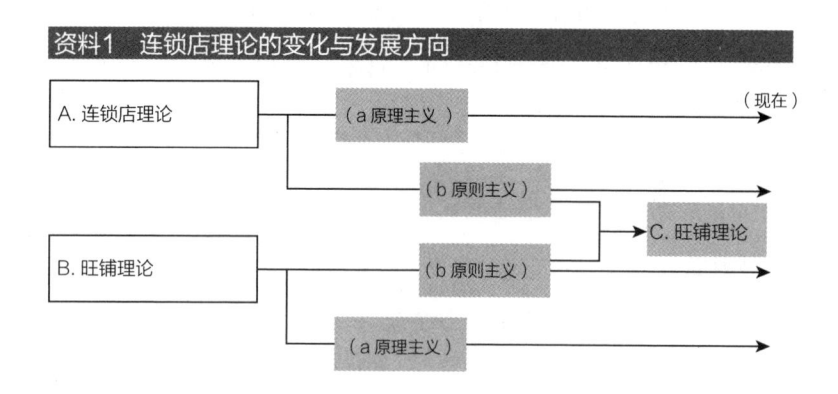

资料1　连锁店理论的变化与发展方向

```
A.连锁店理论 ───┬── （a 原理主义）─────────────────→（现在）
                │
                └─────────────（b 原则主义）──────┐
                                                    ├─→ C.旺铺理论
B.旺铺理论 ─────┬─────────────（b 原则主义）──────┘
                │
                └─────────────（a 原理主义）──────────→
```

A-a 原理主义指的是一切由总部决定，总部方针因地制宜和因店制宜的比重为 100∶0。

A-b 原则主义指的是店铺在总部主导下运营，总部方针因地制宜和因店制宜的比重为 95∶5。

需要注意的是，上述比重并不固定。

B-b 是带有连锁店思维的原则主义旺铺理论。

C 是原则主义连锁店理论与原则主义旺铺理论的统一。这种理论追求的是"由一家一家有魅力的店铺组成的连锁店"。

笔者称之为"赢利店理论"。总部方针因地制宜和因店制宜的比重应该为80∶20。容笔者多说一句,这一比例也是不固定的。

★ 连锁店理论学以致用

关于从连锁店理论中学到了什么和今后将如何应用,笔者用描述零售业的三个新关键词"效率、效果、感动"试加以分析。

①在效率方面,推进低成本运营的专门店铺单元化,追求连锁效益。

②在效果方面,建设融合了软件与硬件的卖场,创造智慧效益。

③在感动顾客方面,不把地区特色视为特殊事物,而是推广普及所有店铺,共享地缘效益。

配备了员工的专门店在客流量多的周末的效率很好,在工作日则效率极差。例如永旺酒水的店铺,完全可以把酒吧和葡萄酒卖场设在相邻的位置。这种安排在永旺Style的御岳山店进行了测试,在碑文谷店得到了验证。农产品卖场的鲜切水果专区则可以考虑安装果汁机。使儿童用品卖场"儿童共和国"与游乐场"永旺幻想"相邻,也有望增加高龄顾客带孙辈前来消费。

在软件与硬件的融合方面，需要注意不能过于把重点放在服务上而导致商品卖场被过度压缩。生活方式提案型卖场不宜比实际需求型卖场及其中的商品更醒目。此外，卖场布局固定而不能扩大或缩小将造成机会损失。

一家店铺的好范例推广到地区分公司所属的其他店铺，进而在整个永旺集团内普及。不应过度致力于活动会场和特设卖场，忽视常规卖场。不能单单倾听当地顾客的愿望，更重要的是满足现实需求，消除顾客的不满。

3 超市餐厅工程

案例3

阪急绿洲的超市餐厅"厨房 & 市场"

对今后行业的冲击度 80

2018年5月中旬一个工作日的中午前后,笔者考察了阪急绿洲超市。这家店铺位于2018年4月1日开业后便在流通行业杂志上成了热门话题的商城"Lucua 大阪"之内。沉不住气的业内人士早早便把这家阪急绿洲超市称为"今年最具人气和话题性的店铺"。Lucua 大阪的地下二层采用小巷式构造,通道两旁排满了时尚的专区式小店。阪急绿洲设在小巷的深处。整个楼层设计有整体感,阪急绿洲内超市餐厅"厨房 & 市场"与外部环境的界限并不明显。店内客流量极大,到处都有顾客排队,无法在店内闲逛。由于整座商城与大阪车站相连接,许多外国游客来此购物。

阪急绿洲的店铺与其说是超市,不如说是在餐饮店一旁开设的食材卖场。商品销售额只占该店总营业额的三分之一。果蔬卖场内沙拉称量销售，一碗500日元；冰沙、果汁等商品十分醒目。农产品的备货反倒不多。肉类卖场内阪急绿洲力推的熟成牛肉吸引眼球，顾客买了肉后可自助烧烤的专区更是令人惊讶。

在经营意大利食材和菜品的商户，店员为顾客切割生火腿和芝士，并当场制作、销售巧克力蛋糕。

笔者在甜点和面包卖场买了680日元的芒果巴菲，然后在带有隐居小屋氛围的餐饮区内享用。餐饮区位于店铺中央，总共100个座位坐满了用餐的顾客。餐饮区内还有吧台，顾客可以一边饮酒一边打发时间。

★ 厨房 & 市场的改革点

"厨房 & 市场"的改革可以总结为以下3点。

①顾客可以在店内享用用应季食材现场烹饪的菜品。
②店员可以尝试新的可能性。
③企业可展示自身发展方向。

顾客可以看到自己挑选的食材在眼前被烹饪成美味佳肴并当场享用。这是极致的安全和放心。美食话题会让餐桌上的气氛活跃起来。让每天发愁晚饭做什么菜的顾客有了更多的选择。

超市餐厅使店员省去了烹饪和收拾清扫的麻烦。除了下单进货、制造、陈列、收银之外，店员还可以学习待客技巧、商品知识、烹饪技术等技能，扩大工作范围。超市餐厅还为那些喜好烹饪的店员发挥自身特长提供了机会。店员可以与顾客交流，可以一边看着愉快的用餐情景一边工作。笔者期待超市餐厅能推动我们朝着建设舒心工作环境的目标向前迈进一步。

在店铺竞争激烈且同质化日益严重的大环境下，超市餐厅可以作为店铺和企业的差异化手段。在不远的将来，面对没有实体店的电商企业这一竞争对手，超市要依靠体验型服务抢占优势。勇于尝试新举措还可以改变企业内部的氛围。Izumi 公司 2017 年开设了购物中心"LECT"[①]，企业内部吹起了新风，产生了振奋人心的效果。此举对外也提高了企业的形象。

★ 超市的演变与改革历程

笔者记得日本的第一家自助服务超市是东京都港区青山的纪伊国屋。之后超市等连锁企业的发展历程可以用尝试、挑战、修正、改变和再挑战这几个关键词来概括。在成长经济转变为成熟经济的这个时代，变化的速度越发惊人。

资料 2 是笔者总结的日本超市连锁店定位的变化。

因为距离近且方便，可以用相对便宜的价格买到想要的商品，提供便利型超市以前是，现在仍是超市的主流。从某种意义上讲，零售业是依赖地理位置的生意。如果商圈内出现了同行超市或者便利店、迷你超市，"距离近且便宜"这一优势将失去差异化的功能。

低价型超市必须维持低价格，兼顾低成本投资和低成本运营。但随着商品原价上升和人力成本增加，有的低价型超市在

[①] Izumi 公司是总部位于日本广岛市的连锁店企业，除经营各种规模的超市外还经营大型购物中心。LECT 的意思是 Living、Eating、Culture、Town——生活、美食、文化、城镇。

资料2　日本超市连锁店定位的变化

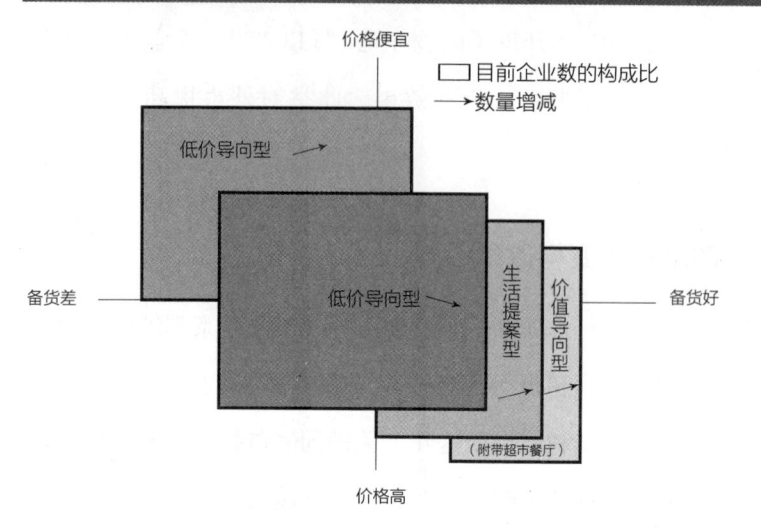

（图示：纵轴为"价格便宜"（上）、"价格高"（下）；横轴为"备货差"（左）、"备货好"（右）。图中标注"目前企业数的构成比"和"数量增减"。显示"低价导向型""低价导向型""生活提案型""价值导向型（附带超市餐厅）"等定位框。）

不知不觉中向提供便利型靠拢。

另外，有的提供便利型超市积极推出低价自有品牌商品，确立了倾向于低价的提供便利型超市定位，Belc 就是其中一例。当然这只是笔者个人的看法。

如今的超市行业似乎正在急速向生活提案型和价值导向型发展。虽然没有准确的企业数量和店铺数量统计，但生活提案型超市的所占比例估计不到 5%。价值导向型超市主要开设在大城市，目前其比例可能还不到 1%。由于价值导向型超市经常被媒体报道，于是成为整个行业中受关注的业务形态。

考虑到今后经济环境的变化，提供便利型超市有可能成为被收割的对象，向低价导向型、生活提案型或价值导向型超市转变。超市餐厅也将日益融入或联合、借鉴真正的餐饮业态。预计将有更多的餐饮区在增加点餐服务等若干餐厅元素后变身为超市餐厅。

★ 向超市餐厅学习借鉴什么

①把部门和岗位的规模调整至适当水平以提高效率。

②在销售食材和成品菜肴之外，通过提供餐饮服务增加销售额。

③在提供购物便利的同时，让顾客体验到享用美味餐饮的快乐。

以打造超市餐厅为契机，把区域扩大的卖场面积重新控制在适当规模。"厨房＆市场"的面积为440坪，在阪急绿洲的超市中处于中等规模，对照超市行业的平均数据可以算是适当的规模。平均来看超市的商品卖场面积局促，备货情况当然不佳。反过来说，众多超市在单位面积销售额下降的情况下已没有余力维持大面积的卖场。因此，可以考虑把商品卖场面积分配给餐饮区、美食广场或试吃等体验服务专区。

2016年度日本的餐饮业市场规模约为25万亿日元，但超市行业要开拓这一市场并非易事。从费效比来看，真正的超市餐厅很难实现盈利,地理位置和顾客群体也受到限制。在笔者消费过的超市餐厅中,与横滨车站相连接的三越伊势丹百货店内的"横滨伊势丹美食与时光"无论昼夜总能保持客满状态。

某个工作日的中午前后,笔者在福岛县郡山市 YORK BE-NIMARU 横冢店的餐饮区内用了午餐。YORK BENIMARU 把超市餐厅称为"超市园地"。笔者点了便当和比萨饼,大约 5 分钟就做好了。虽然不能与 Denny's① 等餐厅相提并论,顾客也不多,但就超市内的简单用餐而言,该餐厅足够合格。

Every Okanaka 津高二层的美食广场是包括餐饮企业在内 Every 集团全力打造的。某个工作日的傍晚笔者前去用餐时,发现顾客数量少得令人惊讶。也许这个美食广场在工作日的白天或周末会忙碌起来。

顾客最关心的是超市餐厅提供的饮食是否美味。在店内享受用现买的食材做成的菜肴,这对顾客来说无疑是一种快乐。以食材为媒介,顾客能对产地有所认知,与生产者的念想产生共鸣。能够选购食材、烹饪菜肴、品尝美味的超市餐厅或许有助于推行"食育"。融合了商品销售与餐饮服务的超市餐厅,可以被视为普及"食育"的手段之一。打造超市餐厅需要餐

---

① Denny's 是美国最大的连锁家庭餐厅品牌,1953 年创立于洛杉矶。日本国内的 Denny's 餐厅由柒和伊控股集团的子公司运营。

饮服务的技术和运营能力，人才以及设备成本等资金能力，不是什么抱有憧憬的企业都能实现的。

超市餐厅的精神在卖场显现，超市的历史翻开了新的一页。

4 受关注的工程改革

除了上述内容外,环顾当下的零售行业,通向改革,将创造未来历史的再造工程正在发生。以下简单地加以描述。

案例 4

MEGA 唐吉诃德 UNY 大口店[①]

对今后行业的冲击度 70

★ 唐吉诃德化工程

MEGA 堂吉诃德的改革主要有以下三点:

①寻找新切入口实现超市综合化。

②卖场规模适当化(紧凑化)。

---

① MEGA 唐吉诃德是唐吉诃德旗下的综合折扣超市,其特征是店内通道宽广,以家庭和老年人为主要目标顾客。UNY 公司是日本的大型流通企业,旗下有多个超市和购物中心品牌。MEGA 唐吉诃德 UNY 是唐吉诃德和 UNY 联合冠名的大型综合超市。大口店位于爱知县丹羽郡大口町。

③价格诉求之外的展示乐趣和彻底的低价格。

在其他各家综合超市企业陷入苦战的时候，唐吉诃德是一直通过力推低价商品和高价商品打折销售来谋求打造一站式购物的综合超市。超市行业内曾经有过用特定价格带的商品去争夺顾客的尝试，例如大荣的 Topos 和 D Mart 等。但这些超市的商品没有魅力。以经营食品为强项的 UNY 与在服装和家居用品方面占优势的唐吉诃德强强联手，打造出了有商品魅力的折扣型综合超市 MEGA 唐吉诃德 UNY。由此可见，超市综合化并不一定落后于时代。

MEGA 唐吉诃德 UNY 大口店虽然是综合超市，但三个楼层的卖场总面积只有 1600 坪，目标销售额却是其前身 UNY 超市的 1.5 倍。2016 年开业的大森山王店，因 NITORI[①] 入驻，卖场面积约减少了 20%，但直营销售额目标从 53 亿日元上调至 80 亿日元，大幅增加了 50%。店内商品堆积高度接近天花板，通过压缩陈列等方法实现了高效率经营。其结果就是店铺紧凑化，单位面积销售额上升。

MEGA 唐吉诃德 UNY 大口店内设置了大量富有个性的 POP 广告，想要销售的商品必定在醒目场所陈列。该店的香菜销量可能在日本的超市中排名第一。还有一个有名的话题就是该店"价格监测部门"的负责人会调查竞争对手的商品价格，确保自身店铺的价格在当地是最便宜的。

---

① NITORI 是日本的大型家具和内装产品零售商，在日本国内拥有近 700 家店铺，在全球有 100 家连锁店。

案例 5

无印良品永旺商城堺北花田店

对今后行业的冲击度 60

★ 无印良品的品牌化工程

无印良品永旺商城堺北花田店作为"概念店"涉足食品商品领域，而且真正地开设了生鲜食品的四个部门，以此突出与竞争对手的差别。在该店的日常杂货销售额构成中，食品、饮料和糖果零食约占 8%。经营购买频率高的生鲜食品可以增加顾客数量，拉动所有部门的销售额。如果只是为了这个目的，邀请专门的生鲜食品店入驻即可完成。然而，尽管得到了合作伙伴京阪百货店的配合，该店仍坚持独自经营生鲜食品。这么做或许是由于该店执着于"概念"，使无印良品品牌覆盖与日常生活有关的所有商品。

店内厨房柜台上的标语具有象征意义，符合无印良品的品牌形象。标语上写着"用食品连接生产者与享用者"。这正是超市餐厅的思路。通过 POP 广告和待客服务把精选食材、当地食材、安全放心的食材积极地介绍给顾客。店内不仅提供现烹饪的菜肴，顾客还可享用自助餐。

现在无论哪种业态都面临着重新明确自身定位的问题。无印良品认识到了这个问题的重要性。

案例6

改造升级的高速路服务区

对今后行业的冲击度 50

高速路服务区不仅有助于促进当地农业发展，作为一个地区的景点和小型购物中心，对激活地方经济也有着不可替代的作用。当然，对于超市等既有的商业设施而言，高速路服务区是强有力的竞争对手。包括小型农产品直销站等在内，农协①运营的"JA农户市场"在日本全国共有约2000家店铺。最近相继出现了年销售额超过25亿日元的大型直销站。

笔者曾在许多高速路服务区购物，其中印象深刻的有冲绳县的"恩纳村休息站"、爱媛县的"海港绿洲宇和岛迎宾广场"、北海道的"伊达历史之森服务区"等。这些服务区现在让竞争对手超市都刮目相看。每个服务区都销售用当地生产的蔬菜、水果、鱼类和熟成牛肉手工制作的熟食及加工食品，发挥着当地厨房的作用。服务区还积极致力于减少食品损失和开展食育，为当地创造着社会价值。

---

① 农协全称农业协同组合，缩写为JA，是由日本全国农民和农业经营法人组成的互助性组织。

5 从一线视角出发的再造工程

彼得·德鲁克曾说过:"企业的目的就是创造顾客。"要放弃卖家自身的方便,从顾客的视角出发打造店铺。具体来说就是要重视顾客视角、重视员工、重视为当地作贡献。

日本的近江商人[①]也有"三方皆好"的名言,即"卖家好,买家好,世间好"。

在如今的成熟经济时代,连锁店行业面临着前所未有的人手不足和激烈竞争。每一个从业人员都需要用工程思维去不断地创造放心、合规、迅捷、轻松和快乐的工作环境。

再造工程不仅限于业务改善,而且是为了在电子商务时代生存下去的店铺建设和工作方式改革,是打造有魅力的连锁店的手段。

---

① 近江商人是从日本战国时代末期到江户时代,出身于近江国即滋贺县的商人。近江商人以会做生意,深谙为人处世之道而闻名,其行商方式对日本的企业管理思想有着深厚的影响。

后 记

这是笔者撰写的第 16 本书。笔者是典型的模拟信号时代的人,如果不用自己的眼睛、耳朵和腿脚去感受,大脑中就浮现不出思路。本书可以说是一本在数字时代写下的模拟信号式的书,笔者自诩其内容并不艰深生硬,很容易读。笔者在走访一线时并没有预约与店铺负责人见面,书中许多内容都是站在顾客的立场上总结出来的,既没有造假也没有奉承迎合。书中对有的店铺作出了严厉的指摘,在这里还请对方谅解。

之所以直言不讳,是因为笔者的信念就是"流通业加油",希望把描述这个行业的关键词从"脏乱、劳累、危险"改为"效率、效果、感动"。效率和效果相乘得出生产效率,而感动则容易被忽视。规定了店内布局采用右转或左转的作业手册有很多。笔者认为一本指出顾客想要什么、有什么困难,能使店员生动活泼地工作的思维手册也是有必要的。

店铺是以人为核心的产业,笔者绝不想将之称为劳动密集型产业。人是具有可能性的动物,商品、销售额、成本和系统都因人而改变。或许经营资源应该从"人力、物力、财力"改为"人力、人力、人力"。

本书是对发表在《月刊商人舍》上的文章进行补充和修改后完成的。商人舍公司的社长结城义晴先生定下每章的主题,笔者用自己有限的能力磕磕绊绊地总算是在期限内交了稿。

这些主题中有笔者擅长的,也有不擅长的。结城先生向笔者提出了太多不合理的写作要求。笔者曾多次想拒绝这位四十年的老朋友,但最终还是尽最大努力写了出来。

结城先生的鞭策让笔者超水平地发挥出自己的能力,使本书得以出版。对此笔者要表示衷心的感谢。此外,商人舍的龟谷静江女士和工作人员给予了笔者鼓励和温馨的支持,编辑工房 B Side 的二宫护先生为本书提供了宝贵建议。本书是团队合作的成果。笔者在此向各位致以谢意。

2018 年 10 月
铃木哲男

寄语知识商人
发刊词

商人舍公司社长　结城义晴

商人曾被认为不需要学问。商人用不到艰深的理论和逻辑的说法也曾甚嚣尘上。然而,"商人的技术"被客观化,高等学校开设了商业科。在最高学府,"商人的学问"得以确立,大学和研究生院成立了商学部。为了做生意,诞生了市场营销,经营管理学理论得以构建,商人们不断地追求创新。

所谓商人并不仅限于零售业从业者。在制造业、批发业、服务业,以及其他相关行业和IT业,凡是从事营业、销售和市场营销的人都可以被称为商人。

所有商人都希望获得做生意的智慧和知识,期待这些智慧和知识得到加深。所有的商人都热爱做生意的精神和技术,期待这些精神和技术得到升华。从以往到现在,在众多人的努力下,与做生意有关的话语和逻辑被加深和升华。

我们决心把商人的智慧与知识、精神与技术、话语与逻辑按照各个时代的特征进行总结,在集大成后付梓。我们承诺根植于一线、实物和实情，贯彻"实践第一"的原则，化难为易，化易为趣，化趣为深地进行考察、分析、论述和展现。

然而，煽动众多商人，有辱智商的甜言蜜语并不会消失。迷惑众多商人，诱使他们走上邪路的诡辩只会增加。商业的近代化发生在昭和时代，其现代化贯穿了平成时代，现在正邀请我们迈向新年号的时代。①我们把能够识破并摒弃甜言蜜语和诡辩的知识商人视为真正的同志，将共同探索真正的行商之道。我们希望所有的知识商人群策群力，实现商业的现代化。为了达成这一目标，我们期待与世间的知识商人建立起愉快的合作关系。

为了顾客而阅读、了解、思考、行动，加以验证后重新付诸行动。为了顾客而再次阅读、了解、思考、行动。这就是知识商人的宝贵的态度。

2019 年 1 月

---

① 因平成天皇退位，日本于 2019 年 5 月 1 日改元"令和"。

关于"服务的细节丛书"介绍：

东方出版社从 2012 年开始关注餐饮、零售、酒店业等服务行业的升级转型，为此从日本陆续引进了一套"服务的细节"丛书，是东方出版社"双百工程"出版战略之一，专门为中国服务业产业升级、转型提供思想武器。

所谓"双百工程"，是指东方出版社计划用 5 年时间，陆续从日本引进并出版在制造行业独领风骚、服务业有口皆碑的系列书籍各 100 种，以服务中国的经济转型升级。我们命名为"精益制造"和"服务的细节"两大系列。

我们的出版愿景："通过东方出版社'双百工程'的陆续出版，哪怕我们学到日本经验的一半，中国产业实力都会大大增强！"

到目前为止"服务的细节"系列已经出版 125 本，涵盖零售业、餐饮业、酒店业、医疗服务业、服装业等。

更多酒店业书籍请扫二维码

了解餐饮业书籍请扫二维码

了解零售业书籍请扫二维码

"服务的细节"系列

书 名	ISBN	定 价
服务的细节：卖得好的陈列	978-7-5060-4248-2	26元
服务的细节：为何顾客会在店里生气	978-7-5060-4249-9	26元
服务的细节：完全餐饮店	978-7-5060-4270-3	32元
服务的细节：完全商品陈列115例	978-7-5060-4302-1	30元
服务的细节：让顾客爱上店铺1——东急手创馆	978-7-5060-4408-0	29元
服务的细节：如何让顾客的不满产生利润	978-7-5060-4620-6	29元
服务的细节：新川服务圣经	978-7-5060-4613-8	23元
服务的细节：让顾客爱上店铺2——三宅一生	978-7-5060-4888-0	28元
服务的细节009：摸过顾客的脚，才能卖对鞋	978-7-5060-6494-1	22元
服务的细节010：繁荣店的问卷调查术	978-7-5060-6580-1	26元
服务的细节011：菜鸟餐饮店30天繁荣记	978-7-5060-6593-1	28元
服务的细节012：最勾引顾客的招牌	978-7-5060-6592-4	36元
服务的细节013：会切西红柿，就能做餐饮	978-7-5060-6812-3	28元
服务的细节014：制造型零售业——7-ELEVEn的服务升级	978-7-5060-6995-3	38元
服务的细节015：店铺防盗	978-7-5060-7148-2	28元
服务的细节016：中小企业自媒体集客术	978-7-5060-7207-6	36元
服务的细节017：敢挑选顾客的店铺才能赚钱	978-7-5060-7213-7	32元
服务的细节018：餐饮店投诉应对术	978-7-5060-7530-5	28元
服务的细节019：大数据时代的社区小店	978-7-5060-7734-7	28元
服务的细节020：线下体验店	978-7-5060-7751-4	32元
服务的细节021：医患纠纷解决术	978-7-5060-7757-6	38元
服务的细节022：迪士尼店长心法	978-7-5060-7818-4	28元
服务的细节023：女装经营圣经	978-7-5060-7996-9	36元
服务的细节024：医师接诊艺术	978-7-5060-8156-6	36元
服务的细节025：超人气餐饮店促销大全	978-7-5060-8221-1	46.8元

书　　名	ISBN	定　价
服务的细节026：服务的初心	978-7-5060-8219-8	39.8元
服务的细节027：最强导购成交术	978-7-5060-8220-4	36元
服务的细节028：帝国酒店　恰到好处的服务	978-7-5060-8228-0	33元
服务的细节029：餐饮店长如何带队伍	978-7-5060-8239-6	36元
服务的细节030：漫画餐饮店经营	978-7-5060-8401-7	36元
服务的细节031：店铺服务体验师报告	978-7-5060-8393-5	38元
服务的细节032：餐饮店超低风险运营策略	978-7-5060-8372-0	42元
服务的细节033：零售现场力	978-7-5060-8502-1	38元
服务的细节034：别人家的店为什么卖得好	978-7-5060-8669-1	38元
服务的细节035：顶级销售员做单训练	978-7-5060-8889-3	38元
服务的细节036：店长手绘　POP引流术	978-7-5060-8888-6	39.8元
服务的细节037：不懂大数据，怎么做餐饮？	978-7-5060-9026-1	38元
服务的细节038：零售店长就该这么干	978-7-5060-9049-0	38元
服务的细节039：生鲜超市工作手册蔬果篇	978-7-5060-9050-6	38元
服务的细节040：生鲜超市工作手册肉禽篇	978-7-5060-9051-3	38元
服务的细节041：生鲜超市工作手册水产篇	978-7-5060-9054-4	38元
服务的细节042：生鲜超市工作手册日配篇	978-7-5060-9052-0	38元
服务的细节043：生鲜超市工作手册之副食调料篇	978-7-5060-9056-8	48元
服务的细节044：生鲜超市工作手册之POP篇	978-7-5060-9055-1	38元
服务的细节045：日本新干线7分钟清扫奇迹	978-7-5060-9149-7	39.8元
服务的细节046：像顾客一样思考	978-7-5060-9223-4	38元
服务的细节047：好服务是设计出来的	978-7-5060-9222-7	38元
服务的细节048：让头回客成为回头客	978-7-5060-9221-0	38元
服务的细节049：餐饮连锁这样做	978-7-5060-9224-1	39元
服务的细节050：养老院长的12堂管理辅导课	978-7-5060-9241-8	39.8元
服务的细节051：大数据时代的医疗革命	978-7-5060-9242-5	38元
服务的细节052：如何战胜竞争店	978-7-5060-9243-2	38元
服务的细节053：这样打造一流卖场	978-7-5060-9336-1	38元
服务的细节054：店长促销烦恼急救箱	978-7-5060-9335-4	38元

书　名	ISBN	定　价
服务的细节 055：餐饮店爆品打造与集客法则	978-7-5060-9512-9	58 元
服务的细节 056：赚钱美发店的经营学问	978-7-5060-9506-8	52 元
服务的细节 057：新零售全渠道战略	978-7-5060-9527-3	48 元
服务的细节 058：良医有道：成为好医生的 100 个指路牌	978-7-5060-9565-5	58 元
服务的细节 059：口腔诊所经营 88 法则	978-7-5060-9837-3	45 元
服务的细节 060：来自 2 万名店长的餐饮投诉应对术	978-7-5060-9455-9	48 元
服务的细节 061：超市经营数据分析、管理指南	978-7-5060-9990-5	60 元
服务的细节 062：超市管理者现场工作指南	978-7-5207-0002-3	60 元
服务的细节 063：超市投诉现场应对指南	978-7-5060-9991-2	60 元
服务的细节 064：超市现场陈列与展示指南	978-7-5207-0474-8	60 元
服务的细节 065：向日本超市店长学习合法经营之道	978-7-5207-0596-7	78 元
服务的细节 066：让食品网店销售额增加 10 倍的技巧	978-7-5207-0283-6	68 元
服务的细节 067：让顾客不请自来！卖场打造 84 法则	978-7-5207-0279-9	68 元
服务的细节 068：有趣就畅销！商品陈列 99 法则	978-7-5207-0293-5	68 元
服务的细节 069：成为区域旺店第一步——竞争店调查	978-7-5207-0278-2	68 元
服务的细节 070：餐饮店如何打造获利菜单	978-7-5207-0284-3	68 元
服务的细节 071：日本家具家居零售巨头 NITORI 的成功五原则	978-7-5207-0294-2	58 元
服务的细节 072：咖啡店卖的并不是咖啡	978-7-5207-0475-5	68 元
服务的细节 073：革新餐饮业态：胡椒厨房创始人的突破之道	978-7-5060-8898-5	58 元
服务的细节 074：餐饮店简单改换门面，就能增加新顾客	978-7-5207-0492-2	68 元
服务的细节 075：让 POP 会讲故事，商品就能卖得好	978-7-5060-8980-7	68 元

书 名	ISBN	定 价
服务的细节076：经营自有品牌	978-7-5207-0591-2	78元
服务的细节077：卖场数据化经营	978-7-5207-0593-6	58元
服务的细节078：超市店长工作术	978-7-5207-0592-9	58元
服务的细节079：习惯购买的力量	978-7-5207-0684-1	68元
服务的细节080：7-ELEVEn的订货力	978-7-5207-0683-4	58元
服务的细节081：与零售巨头亚马逊共生	978-7-5207-0682-7	58元
服务的细节082：下一代零售连锁的7个经营思路	978-7-5207-0681-0	68元
服务的细节083：唤起感动	978-7-5207-0680-3	58元
服务的细节084：7-ELEVEn物流秘籍	978-7-5207-0894-4	68元
服务的细节085：价格坚挺，精品超市的经营秘诀	978-7-5207-0895-1	58元
服务的细节086：超市转型：做顾客的饮食生活规划师	978-7-5207-0896-8	68元
服务的细节087：连锁店商品开发	978-7-5207-1062-6	68元
服务的细节088：顾客爱吃才畅销	978-7-5207-1057-2	58元
服务的细节089：便利店差异化经营——罗森	978-7-5207-1163-0	68元
服务的细节090：餐饮营销1：创造回头客的35个开关	978-7-5207-1259-0	68元
服务的细节091：餐饮营销2：让顾客口口相传的35个开关	978-7-5207-1260-6	68元
服务的细节092：餐饮营销3：让顾客感动的小餐饮店"纪念日营销"	978-7-5207-1261-3	68元
服务的细节093：餐饮营销4：打造顾客支持型餐饮店7步骤	978-7-5207-1262-0	68元
服务的细节094：餐饮营销5：让餐饮店坐满女顾客的色彩营销	978-7-5207-1263-7	68元
服务的细节095：餐饮创业实战1：来，开家小小餐饮店	978-7-5207-0127-3	68元
服务的细节096：餐饮创业实战2：小投资、低风险开店开业教科书	978-7-5207-0164-8	88元

书　　名	ISBN	定价
服务的细节097：餐饮创业实战3：人气旺店是这样做成的！	978-7-5207-0126-6	68元
服务的细节098：餐饮创业实战4：三个菜品就能打造一家旺店	978-7-5207-0165-5	68元
服务的细节099：餐饮创业实战5：做好"外卖"更赚钱	978-7-5207-0166-2	68元
服务的细节100：餐饮创业实战6：喜气的店客常来，快乐的人福必至	978-7-5207-0167-9	68元
服务的细节101：丽思卡尔顿酒店的不传之秘：超越服务的瞬间	978-7-5207-1543-0	58元
服务的细节102：丽思卡尔顿酒店的不传之秘：纽带诞生的瞬间	978-7-5207-1545-4	58元
服务的细节103：丽思卡尔顿酒店的不传之秘：抓住人心的服务实践手册	978-7-5207-1546-1	58元
服务的细节104：廉价王：我的"唐吉诃德"人生	978-7-5207-1704-5	68元
服务的细节105：7-ELEVEn一号店：生意兴隆的秘密	978-7-5207-1705-2	58元
服务的细节106：餐饮连锁如何快速扩张	978-7-5207-1870-7	58元
服务的细节107：不倒闭的餐饮店	978-7-5207-1868-4	58元
服务的细节108：不可战胜的夫妻店	978-7-5207-1869-1	68元
服务的细节109：餐饮旺店就是这样"设计"出来的	978-7-5207-2126-4	68元
服务的细节110：优秀餐饮店长的11堂必修课	978-7-5207-2369-5	58元
服务的细节111：超市新常识1：有效的营销创新	978-7-5207-1841-7	58元
服务的细节112：超市的蓝海战略：创造良性赢利模式	978-7-5207-1842-4	58元
服务的细节113：超市未来生存之道：为顾客提供新价值	978-7-5207-1843-1	58元
服务的细节114：超市新常识2：激发顾客共鸣	978-7-5207-1844-8	58元
服务的细节115：如何规划超市未来	978-7-5207-1840-0	68元

书　名	ISBN	定　价
服务的细节116：会聊天就是生产力：丽思卡尔顿的"说话课"	978-7-5207-2690-0	58元
服务的细节117：有信赖才有价值：丽思卡尔顿的"信赖课"	978-7-5207-2691-7	58元
服务的细节118：一切只与烤肉有关	978-7-5207-2838-6	48元
服务的细节119：店铺因顾客而存在	978-7-5207-2839-3	58元
服务的细节120：餐饮开店做好4件事就够	978-7-5207-2840-9	58元
服务的细节121：永旺的人事原则	978-7-5207-3013-6	59.80元
服务的细节122：自动创造价值的流程	978-7-5207-3022-8	59.80元
服务的细节123：物流改善推进法	978-7-5207-2805-8	68元